rowohlts monographien
begründet von Kurt Kusenberg
herausgegeben von
Beate Kusenberg und Klaus Schröter

Ödön von Horváth

mit Selbstzeugnissen
und Bilddokumenten
dargestellt von
Dieter Hildebrandt

bildmono rororo graphien

Rowohlt

Dieser Band wurde eigens für «rowohlts monographien» geschrieben
Die Bibliographie besorgte Petra Seidel
Herausgeber: Kurt Kusenberg · Redaktion: Beate Möhring
Schlußredaktion: K. A. Eberle
Umschlagentwurf: Werner Rebhuhn
Vorderseite: Ödön von Horváth, 1938
(Elisabeth von Horváth / Ödön von Horváth-Archiv)
Rückseite: Marianne Nenntwich als Marianne und Curt Bois als Zauberkönig
in einer Inszenierung von «Geschichten aus dem Wienerwald»
am Schiller-Theater, Berlin, 1966 (Foto Ilse Buhs, Berlin)

Veröffentlicht im Rowohlt Taschenbuch Verlag GmbH,
Reinbek bei Hamburg, Oktober 1975
Copyright © 1975 by Rowohlt Taschenbuch Verlag GmbH,
Reinbek bei Hamburg
Alle Rechte an dieser Ausgabe vorbehalten
Gesamtherstellung Clausen & Bosse, Leck
Gesetzt aus der Linotype-Aldus-Buchschrift
und der Palatino (D. Stempel AG)
Printed in Germany
980–ISBN 3 499 50231 3

23.–25. Tausend September 1984

Inhalt

Ödön von Horváth, 1931

TOD IN PARIS

Am 1. Juni 1938, abends gegen halb acht, geht ein Mann über die Champs-Élysées. Er ist seit drei Tagen in der Stadt, und der Aufenthalt in Paris scheint sich gelohnt zu haben: Soeben hat er mit dem amerikanischen Filmproduzenten Robert Siodmak zusammengesessen, der eines seiner letzten Bücher verfilmen möchte. Man hat sich freundschaftlich arrangiert, will sich später am Abend noch einmal treffen. Vorher möchte er aber das besprochene Arrangement noch einmal skizzieren, sich durch den Kopf gehen lassen. Die Frau des Produzenten hat sogar angeboten, ihn im Auto ins Hotel zu bringen. Der Mann hat abgelehnt. Er hat Angst. Er fahre nicht mit dem Auto, hat er gesagt, er fahre mit der Métro, oder er gehe zu Fuß. Er ist auch nicht mit dem Lift gefahren, als er zu seinem ersten Besuch bei dem Filmemacher kam; er wolle fit bleiben, war seine Erklärung, aber die Angst war ihm anzusehen; Freunde von ihm kannten das schon. Er hatte auch Angst vor der Straße, den Straßen. Vor wenigen Tagen hat er einem Bekannten anvertraut: *Vor den Nazis habe ich keine so sehr große Angst ... Es gibt ärgere Dinge, nämlich die, vor denen man Angst hat, ohne zu wissen warum. Ich fürchte mich zum Beispiel vor der Straße. Straßen können einem übelwollen, können einen vernichten. Straßen machen mir Angst.*[1]* In seinen Büchern und Stücken hat es schon immer eine Menge Autounfälle und Straßenunglücke gegeben. Und der Aufenthalt in Paris steht noch unter einem besonders zweideutigen Omen: Ein paar Tage vorher war er bei einer Wahrsagerin, die er wegen der bevorstehenden Filmverhandlungen befragen wollte. «Sie werden, mein Herr, in Paris das größte Abenteuer Ihres Lebens haben»[2], so wird ihre Antwort überliefert, aber auch so: Diese letzten Maitage in Paris würden für sein Leben entscheidend sein.[3] Der letzte Maitag ist vorbei, es ist nichts passiert, auch nichts Entscheidendes, und der Mann versucht krampfhaft, seine Angst zu vertagen, zu vergessen. Am nächsten Tag will er abreisen, nach Zürich, zu seinen Freunden. Er hat jetzt keinen weiten Weg; er geht ein paar Schritte vom Café vor dem Théâtre de Marigny in Richtung Place de la Concorde.

Der Mann hat große Pläne. Eine Freundin hat von seiner Ankunft in Paris berichtet: «Gleich nach der ersten Begrüßung stellte er fest: ‹Ich bin nur auf der Durchreise hier!› – Paris sollte nur eine Zwischenstation auf seinem Weg nach Amerika sein – irgendein Onkel hatte ihm von drüben ein Affidavit gesandt – und in Hollywood erwarteten ihn bereits verschiedene Freunde.»[4] *Adieu Europa* ist auch der Titel eines neuen großen Roman-Vorhabens, das erst in Andeutungen notiert ist. Da heißt es zum Beispiel: *Ich halte nichts mehr von Europa ... Denn entweder gibts einen Krieg oder Europa versinkt in der Barbarei.* Und mit Bezug auf den Nationalsozialismus: *Sie schrecken vor keiner Niedertracht zurück, um sich selber belügen zu können. Sie gaben sich der Welt. Aber* was *nahmen sie dafür? Den Charme, die Schönheit.* Ein Projekt voller Skepsis: *Die*

---

* Die hochgestellten Ziffern verweisen auf die Anmerkungen S. 121 f.

Hauptsache, was in der Welt geschah, es ist immer ein Ersatz. Eine Ersatzreligion, Ersatzstoffe usw. Nie etwas Direktes. Immer einen Ersatz für die Natur. Und Skeptisches auch über die Frauen: *Keine hat gerade Beine. Der weinerliche Egoismus. Die Männer heiraten die Häßlichen, um es sich abzugewöhnen.* Und er notiert: *Der Haß auf den Geist, auf den Intellekt.* Und auch: *Der Haß auf die ehemaligen Freunde und die ehemaligen Ideen.* Und unter dem Stichwort: *Die erste Emigration* notiert er, wie in eigener Sache: *Eine Welt ist zusammengestürzt, man muß ganz anders schreiben. Warum emigriert? – Habe ich Fehler gemacht? . . . Weil man es nicht für möglich gehalten hat, daß das kommt . . . Die Trauer und das Herumlumpen . . . Die Leute, die ehemals eine Rolle spielten, jetzt trifft man sie in der Emigration . . .*[5]

Einen knappen Monat vorher hat der Mann aus Zürich geschrieben: *Mein liebster Freund, bin über Prag, Budapest, Fiume, Venedig hierher gefahren, muß bald weiter nach Amsterdam und vielleicht nach Paris. Mein liebster Freund, für uns, für Dich, gibt es jetzt nur eines: einfach weiter arbeiten, ja sich nicht durch die lauten Weltereignisse stören lassen, und seien sie noch so laut – wenn man arbeitet, das heißt, wenn man weiß, w a s man zu sagen hat, wird auch die lauteste Umwelt nur zu einer stillen Bestätigung des eigenen Wissens – mit anderen Worten: unsereins muß immer egozentrischer werden, damit man weniger egoistisch wird . . . Hier in der Schweiz ist es sehr still und friedlich, kaum vorstell-*

bar für unsereinen. Die Villen der Millionäre liegen in wunderschönen Gärten, und lieblich lächelt der See – wie lange, wie lange noch.[6]
In Amsterdam war er zu Verlagsverhandlungen. Klaus Mann, damals einer der Lektoren des Emigranten-Verlages Allert de Lange, erinnerte sich später: Er «plauderte» für sein Leben gern über seltsame Unglücksfälle, groteske Krankheiten und Heimsuchungen aller Art. Auch Gespenster, Hellseher, Wahrträume, Halluzinationen, Ahnungen, das Zweite Gesicht und andere spukhafte Phänomene spielten eine Rolle in seinem Gespräch, welches übrigens durchaus nicht in bangen Flüstertönen, sondern mit jovialer, oft recht lauter Heiterkeit geführt wurde ... Er wußte aber viel von der Angst, von jenem tiefen, lähmenden Unbehagen, welches Freud als ein zentrales Element unserer Kultur erkannt hat und dessen Überhandnehmen vielleicht das entscheidende, verhängnisvolle Ereignis der Epoche bedeutete.»[7]

Dieser Aberglaube ist keine Attitüde. Er ist ein Stück zweiter Natur, die im Begriff ist, zur ersten zu werden. Schon vor einiger Zeit hat ein Freund, der über Wochen arbeitend mit ihm zusammen war, beobachtet: Er schreibe «unter dauernder Mitwirkung einer Gespensterwelt, an die er fest glaubt. Entweder werden nach Eintritt der Dämmerung Klinken von einer unsichtbaren Hand niedergedrückt, rhythmische Klopftöne funken ein metaphysisches Telegramm an die Fensterscheiben, und schaut er dann hinaus, neigt sich über den Brunnen auf der Gegenseite der Straße eine weißgekleidete Frauengestalt und singt eine Melodie ohne Worte – oder kühle Schatten streichen ihm um die Stirne. Am andern Morgen verkündet er dann strahlend: ‹Heute nacht waren sie wieder da – die Geister!›»[8]

Dieser 1. Juni war ein warmer, drückender Tag, beinah hochsommerlich. Das Unwetter, das nun aufkommt, ein böiger Sturm, ist eines aus fast heiterem Himmel, das ganz Frankreich überzieht. Ein Gewitter tobt über Paris. An der Avenue Marigny wird eine alte Kastanie vom Blitz getroffen, ein Ast bricht herunter, trifft den Mann am Hinterkopf. Man bringt ihn noch in die Klinik Paul Marmotton in der nahen Rue d'Armaille. Er ist tot. Am übernächsten Tag schreibt Joseph Roth in der «Pariser Tageszeitung»: «Ödön von Horváth, einer der besten österreichischen Schriftsteller, deutschsprachiger Ungar von Geburt, ist vorgestern in Paris das Opfer eines jener Unfälle geworden, die wir als ‹sinnlos› zu bezeichnen pflegen, weil uns das Unerklärliche sinnlos erscheint.»

Kann man eine Lebensbeschreibung mit einem Unglück anfangen? Kann man als Kolportage beginnen, was doch zur «Sache» kommen soll? Man kann, man muß es im Fall und Todesfall Horváth. Denn dieser Tod in Paris hatte etwas von einer strengen artistischen Konsequenz. Es war kein Malheur, es war eine virtuose Fatalität. Noch die Todesart hielt sich an ein wichtiges, durchgehendes Motiv Horváthscher Eudämonie. Schon in einem seiner frühen Stücke läßt er eine der Figuren, als «in weiter Ferne Donnergrollen» zu hören ist, ausrufen: *Ja, donnern, das kann der! Und blitzen und stürmen! Schrecken und vernichten!*[9] Und als eine der traurigsten Liebesgeschichten beginnt in einem späteren Stück, als das Mädchen Marianne von einem Coup de foudre heimgesucht wird und das Un-Glück anfängt, sagt sie ergriffen: *Du – wie der Blitz hast du in mich*

Das Grab auf dem Friedhof von Saint-Ouen

eingeschlagen und hast mich gespalten.[10] Und in einer der späten Komödien, zwei Jahre vor dem Tod, sagt der eher heimschleichende als heim-
kehrende Graf Almaviva bei einem Blick in seinen Park: *Hopp, dort fehlt
ja meine große Tanne* und bekommt die Antwort: *Die hat der Blitz getroffen,* worauf er ganz gelassen reagiert: *Dann bin ich schon wieder be-
ruhigt. Ich dachte bereits, ihr hättet sie gefällt.*[11]

Aber noch in einem viel umfassenderen Sinn gehört dieser Todesfall
zum Lebenswerk Horváths. Denn wenn es ein Wort gibt, mit dem man,
ohne Banausie, das Werk auf einen Nenner bringen könnte, so wäre es
das, mit dem er eines seiner schönsten Stücke bezeichnet hat: *Ein kleiner
Totentanz.*[12] Der Tod ist der geheime Held der meisten Stücke und vieler
Prosaarbeiten, und wenn die Menschen auf der Bühne schweigen, herrscht
Totenstille. Aber wie bei Gryphius und wie bei Grimmelshausen sind die
Menschen bei Horváth nicht todtraurig, sondern lebenstraurig. Wenn sie
sagen: *Wir müssen doch alle mal sterben*[13], meinen sie, daß das Leben
eine große Folter ist. Mit epigrammatischer Schärfe hat Horváth das in
den Motti herbeizitiert, in dem sarkastischen *Und die Liebe höret nimmer
auf*[14], in dem grandiosen: *Nichts gibt so sehr das Gefühl der Unendlichkeit als wie die Dummheit*[15], und in dem biblischen, von dem er sagt,
daß es für alle seine Stücke gelten könnte: «Und der HERR roch den
lieblichen Geruch und sprach in seinem Herzen: Ich will hinfort nicht
mehr die Erde verfluchen um der Menschen willen, denn das Trachten des

menschlichen Herzens ist böse von Jugend auf; und ich will hinfort nicht mehr schlagen alles was da lebet, wie ich getan habe. So lange die Erde stehet, soll nicht aufhören Samen und Ernte, Frost und Hitze, Sommer und Winter, Tag und Nacht.» [16]

Und noch etwas bewirkt dieser Tod in Paris: den Beginn seiner Renaissance. Er starb, und die Umstände waren der Unsterblichkeit förderlich. Der Tod machte ihn legendär, wie es sein Werk, da die deutschen Bühnen es nicht mehr spielen konnten, nicht mehr vermochte. Ein Dichter, ein Dramatiker, mitten aus dem Schaffen, mitten aus dem Leben – Horváth war 37 Jahre alt – gerissen; es war, als ob das Schicksal einen großen Werbecoup gelandet hätte: sterben auf den Champs-Élysées, die noch zu Bismarcks Zeiten getreulich als die eleusischen Gefilde übersetzt wurden.

Am 8. Juni berichtet die Pariser Presse: «Gestern wurde Ödön von Horváth, der auf so tragische und unerwartete Weise auf den Champs-Élysées ums Leben gekommen war, von seinen Eltern, Freunden und Verwandten zur letzten Ruhe geleitet ... Die deutsche Literatur und Theaterwelt war vertreten durch Alfred Neumann, Erwin Piscator, Joseph Roth, Franz Werfel, Ludwig Ullmann, Alwin Kronacher, Leo Mittler, Robert Breuer, Rudolf Leonhard, Hermann Kesten, Paul Friedländer und viele andere ... In der Kirche Saint-Fernand-des-Ternes fand dann die Einsegnung statt, und dann ging es hinaus zum Friedhof von Saint-Ouen.» [17]

Über die Beerdigung schreibt Carl Zuckmayer: «Dort, wo das Grab geschaufelt war, an der fernsten Ecke des Friedhofs, führten die Gleise eines Rangierbahnhofs vorbei; und während nun die längeren oder kürzeren Reden abrollten, hörte man ohne Unterlaß das Rattern und Bremsenkreischen verschobener Güterwagen und das laute Rufen und Schreien von Bahnarbeitern, die einander Weisungen gaben, Verabredungen trafen: ‹Où vas-tu, Gaston?› – ‹Au Bistro!› Viens pour un verre!› – ‹Entendu› – und so weiter, mit hallenden Stimmen, welche die weniger stimmbegabten Redner übertönten. Ödön, dachte ich, würde sich, wenn er noch am Leben wäre, totlachen. Zum Schluß trat der kleine, unscheinbare Kaplan ans Grab, nahm ein Papiersäckchen aus der Tasche, schüttelte den Inhalt auf den Sarg hinunter und sagte mit leiser Stimme: ‹Erde aus Ungarn.› Aber jeder hörte ihn. Es schien, als sei es auf den Rangiergleisen plötzlich still geworden.» [18]

Im Mantel des Toten findet man ein Päckchen Aktfotos. Und, auf eine Zigarettenschachtel notiert, ein kleines Gedicht, Reime, die er sich auf seine Situation gemacht hat:

> *Und die Leute werden sagen*
> *In fernen blauen Tagen*
> *Wird es einmal recht*
> *Was falsch ist und was echt*

> *Was falsch ist, wird verkommen*
> *Obwohl es heut regiert.*
> *Was echt ist, das soll kommen –*
> *Obwohl es heut krepiert.* [19]

KINDHEIT

Geboren bin ich am 9. Dezember 1901, und zwar in Fiume an der Adria, nachmittags um dreiviertelfünf (nach einer anderen Überlieferung um halbfünf). Als ich zweiunddreißig Pfund wog, verließ ich Fiume, trieb mich teils in Venedig und teils auf dem Balkan herum und erlebte allerhand, u. a. die Ermordung S. M. des Königs Alexanders von Serbien samt seiner Ehehälfte. Als ich 1.20 Meter hoch wurde, zog ich nach Budapest und lebte dort bis 1.21 Meter. War dort selbst ein eifriger Besucher zahlreicher Kinderspielplätze und fiel durch mein verträumtes und boshaftes Wesen unliebenswert auf. Bei einer ungefähren Höhe von 1.52 Metern erwachte in mir der Eros, aber vorerst ohne mir irgendwelche besonderen Schererein zu bereiten – (meine Liebe zur Politik war damals bereits ziemlich vorhanden) . . .[20]

Fiume, der Geburtsort, Hafenstadt an der Adria, das heutige Rijeka, gehörte damals zur ungarischen Reichshälfte des Königreiches Kroatien und Slavonien. Horváths Vater stammte aus Slavonien und gehörte dem ungarischen Kleinadel an. Das «H» hinter dem «T» des Namens Horváth signalisiert im Ungarischen das Adelsprädikat. Dr. Ödön Josef von Horváth war im diplomatischen Dienst und damals dem ungarischen Gouverneur von Fiume unterstellt. Die Mutter, Maria Hermine von Horváth, geborene Prehnal, kam aus einer ungarisch-deutschen k. u. k. Militärarztfamilie. Einer ihrer Vorfahren, ein Friedrich Querfeld, war aus Hannover. Diese Querfelds haben Horváth später Modell gestanden für einen nicht ausgeführten Roman *Der Mittelstand*.[21]

Die Familie Q., heißt es da, *deren Genealogie hier beschrieben werden soll, kann nur bis in das vierte Glied verfolgt werden – bis dahin, wo sie als dritter Stand auftaucht. Der Urgroßvater kam aus Mitteldeutschland, mehr weiß man nicht. Aus Hannover, aber niemand in der Familie kennt Hannover. (Als Urgroßvater Q. durch Europa zog, gab es noch keine Eisenbahnen.)*[22] Dieser Friedrich Querfeld war mit sechzehn Jahren von Hannover aufgebrochen, auf Wanderschaft gewesen durch Europa, und seßhaft geworden in Bancsova. Von Beruf Baumeister, errichtete er unter anderem das Rathaus der kleinen Stadt. Viel mehr weiß man nicht über die Vorfahren, viel mehr scheint auch Horváth selbst nicht gewußt haben, denn mit einem pauschalen Satz gibt er seine politisch-sprachliche Herkunft folgendermaßen an: *Ich bin eine typisch altösterreichische Mischung, ungarisch, kroatisch, tschechisch, deutsch, nur mit semitisch kann ich leider nicht dienen.*[23]

Es ist eine Landschaft der wechselnden Sprachen, in denen Horváth aufwächst, eine Landschaft, in der man vielleicht nicht leicht eine einzelne beherrschen lernt, in der man aber Sprache früher oder gründlicher kennenlernt als ein Mittel, das sich nicht nur auf die Kommunikation, auf die Verständigung beschränkt, sondern das dazu dienen kann, Länder und Leute zu charakterisieren, Lügen zu entlarven. In dem Fiume benachbarten Triest findet wenige Jahre nach der Geburt Horváths James Joyce eine wichtige Station seines «Exils»; sein Biograph Richard Ellmann weist auch auf die Besonderheit dieser Sprachlandschaft hin: «Das Triestino war nicht nur ein besonderer Dialekt, sondern wurde mit be-

Fiume: der Hafen

sonderer Aussprache von den Bewohnern Triests gesprochen, die sich hier aus Griechenland, Österreich, Ungarn und Italien zusammengefunden hatten. Die Wortspiele und internationalen Witze, die sich daraus ergaben, entzückten Joyce.» [24]

Nicht daß Horváth Gelegenheit gehabt hätte, das Triestino zu lernen; aber die Internationalität, von der Ellmann spricht, ergab sich als Erfahrung auch für den Sproß einer Diplomatenfamilie mit den häufigen Ortswechseln und Umzügen. Es ging lebhaft zu in den frühen Kindertagen Horváths. Schon ein halbes Jahr nach der Geburt siedelt die Familie nach Belgrad über, wo der Bruder Lajos geboren wird. 1908 lernt Horváth seine zweite Hauptstadt kennen: Budapest. Die großen Städte, Kontrapunkte zu ländlichen Klausuren, werden ihn nicht mehr loslassen.

In der ersten Budapester Zeit hat Horváth Privatunterricht bei einem Hauslehrer, der vor allem seine Kenntnisse im Ungarischen verbessern soll, damit er die öffentliche Schule besuchen kann. Als Horváths Vater 1909 nach München versetzt wird, zieht er zunächst mit der Familie dorthin, kehrt jedoch bald darauf nach Budapest zurück und besucht dort, als Internatsschüler, das Erzbischöfliche Konvikt. 1913 holen ihn die Eltern wieder zu sich, nach München.

Die Mutter: Maria Hermine von Horváth, geb. Prehnal

JUGENDJAHRE

Mein Leben beginnt mit der Kriegserklärung. So läßt Horváth später einen Vorhang über seine Kinderzeit fallen. In der autobiographischen Notiz, die Ende der zwanziger Jahre entstanden ist, stilisiert er sein Leben mit Blick auf diesen welthistorischen Einschnitt, wenn er schreibt: *Als der sogenannte Weltkrieg ausbrach, war ich dreizehn Jahre alt. An die Zeit vor 1914 erinnere ich mich nur wie an ein langweiliges Bilderbuch. Alle meine Kindheitserlebnisse habe ich im Krieg vergessen.*

Und er fährt fort, das neue Generationsgefühl beschwörend: *Wir, die wir zur großen Zeit in den Flegeljahren standen, waren wenig beliebt. Aus der Tatsache, daß unsere Väter im Felde fielen oder sich drückten,*

Der Vater: Ödön Josef von Horváth

*daß sie zu Krüppeln zerfetzt wurden oder wucherten, folgerte die öffent-
liche Meinung, wir Kriegslümmel würden Verbrecher werden. Wir hätten uns alle aufhängen dürfen, hätten wir nicht darauf gepfiffen, daß unsere Pubertät in den Weltkrieg fiel. Wir waren verroht, fühlten weder
Mitleid noch Ehrfurcht. Wir hatten weder Sinn für Museen noch für die
Unsterblichkeit der Seele – und als die Erwachsenen zusammenbrachen,
blieben wir unversehrt. In uns ist nichts zusammengebrochen, denn wir
hatten nichts . . .*[25]

Diese Sätze sind ein Stück nachträglicher Interpretation und kaum zu
lesen ohne den Zusammenhang etwa mit dem Vorwort von Remarques
«Im Westen nichts Neues»: «Dieses Buch soll weder eine Anklage noch ein
Bekenntnis sein. Es soll nur den Versuch machen, über eine Generation

Horváth: «Und fiel durch mein verträumtes Wesen auf»

zu berichten, die vom Kriege zerstört wurde – auch wenn sie seinen Gra-
naten entkam» [26], auch nicht ohne Zusammenhang mit Glaesers «Jahr-
gang 1902» (über den bei Gelegenheit des *Sladek* zu sprechen sein wird).

Ein unruhiger, wirbeliger Kopf scheint Horváth in jenen Jahren aber
in der Tat gewesen zu sein. Er war im Herbst 1913 auf das Kaiser-Wil-
helms-Gymnasium gekommen, wo man ihm nach einem Jahr beschei-
nigte: «Er beherrscht die deutsche Sprache, soweit, daß er dem Unterricht
zu folgen vermochte und in den meisten Fächern bei anerkennenswertem
Fleiße genügende Fortschritte erzielte. Im Deutschen freilich, wo seine
Kenntnisse in Grammatik und Orthographie noch unsicher sind, stehen
seine Leistungen an der Grenze des Genügens . . . Sein Betragen war lo-
benswert.» [27] Es scheint es nicht geblieben zu sein. Sein Vater, 1914 ein-
berufen und im Jahr darauf nach München zurückgekehrt, schickt ihn
1916 auf eine ungarische Schule nach Preßburg, «weil er . . . sich nicht
recht der Disziplin unterwerfen wollte» [28].

Über das Auftreten des jungen Horváth in der königlich-ungarischen
Staats-Oberrealschule berichtet ein Mitschüler namens Adolf Frankl:
«Gegen Mitte des Schuljahres kam er in unsere Klasse, mit einem großen

Ödön und sein Bruder Lajos, 1905

Der Hafen von Triest, um 1900

Familie Horváth, 1910

Der Vater und die Söhne

Lajos und Ödön

Füller, mit hellblauer Tinte schrieb er auffallend schnell in seine Schulhefte etwas und las davon manchmal Teile vor. Er hatte flatternde Haare, war elegant, lächelte ständig, und es strahlte sein nach innen ernstes, nach außen bohemienhaftes (künstlerisches) Wesen. Wenn ich mich nicht irre, sprach er ungarisch mit deutschem Akzent.»[29] Und der Sohn jenes Gymnasiallehrers Ede Macher, bei dem er sich einlogiert hatte, erinnert sich: «Doch die vielen Ermahnungen meines Vaters, sich der Disziplin zu fügen, fruchteten rein gar nicht. Ödön verblieb auch weiterhin in seiner lässigen, sicherlich aber auch sehr gutmütigen Art und konnte sich dem Schulzwang nicht unterordnen.»[30]

Es scheint aber eine Aufsässigkeit nicht ohne Subtilität gewesen zu sein, wenn man dem Bericht Jenö Krammers über Horváths Preßburger Tage folgt. So machte sich Horváth bei seinem Religionslehrer unbeliebt, weil er in einer kleinen Skizze auf eine neuartige Holzgewinnungsmethode hinwies, die abgeleitet war von dem Bibelsatz: Du siehst den Splitter im Auge des Nächsten, aber den Balken im eigenen nicht. Die Pointe bestand darin, den Balken im eigenen zu bemerken, herauszunehmen, zu zerhacken und zu verwerten. Darin zeigt sich schon Horváths Talent zum Epigrammatischen, zur kurzen pointierten Form, wie er sie bald darauf in den *Sportmärchen* pflegen sollte. – Ob der Geschichtslehrer Johann Theisz Horváth von der Schule hat verweisen lassen wollen, weil dieser ihm den Spitznamen «Zerberus» angehängt hatte, scheint weniger gesichert[31] als der Umstand, daß Horváth in diesem Geschichtsunterricht

21

ebenso gründlich wie lebhaft einige besonders dramatische Perioden der ungarischen Historie mitbekommen hat, so zum Beispiel die Zeit des ungarischen Bauernkrieges von 1514, auf dem das Fragment *Dosa* fußt, und die Zeit des Matthias Corvinus, der dann in der Komödie *Dorf ohne Männer* eine Rolle spielen wird. Aber es gibt in der späteren Arbeit immer wieder Reminiszenzen auf die zwei Preßburger Jahre; sogar noch, wenn in einer der Vorstudien zu *Geschichten aus dem Wiener Wald* der Titel lautet: *Elisabeth, die Schönheit von Thüringen.* Denn Elisabeth von Thüringen, hat viele Jahre in Preßburg gelebt: Sie war gewissermaßen die Hausheilige der Stadt.

Das Kriegsende, den Zusammenbruch Kakaniens, erlebt Horváth, zusammen mit seiner Familie, in Budapest. Im Jahr darauf kommt er bei einem Onkel in Wien unter, wo er auch sein Abitur macht. Dann folgt er, im Herbst 1919, den Eltern nach München. Er immatrikuliert sich an der Universität und beginnt dort, unter anderem, jenes Fach zu studieren, das sich heute mit seinem Werk zu beschäftigen begonnen hat.

Die Unruhe seiner frühen Jahre hat er später gelassen kommentiert:

Also, wie gesagt: Ich habe keine Heimat und leide natürlich nicht darunter, sondern freue mich meiner Heimatlosigkeit, denn sie befreit mich von einer unnötigen Sentimentalität. Ich kenne aber freilich Landschaften, Städte und Zimmer, wo ich mich zuhause fühle, ich habe auch Kindheitserinnerungen und liebe sie, wie jeder andere. Die guten und die bösen. Ich sehe die Straßen und Plätze in den verschiedenen Städten, auf denen ich gespielt habe, oder über die ich zur Schule ging, ich erkenne die Eisenbahn wieder, die Rodelhügel, die Wälder, die Kirchen, in denen man mich zwang, den heiligen Leib des Herrn zu empfangen – ich erinnere mich auch noch meiner ersten Liebe: das war während des Weltkrieges in einem stillen Gäßchen, da holte mich in Budapest eine Frau in ihre Vierzimmerwohnung, es dämmerte bereits, die Frau war keine Prostituierte, aber ihr Mann stand im Feld, ich glaube in Galizien, und sie wollte mal wieder geliebt werden.

Meine Generation, die in der großen Zeit die Stimme mutierte, kennt das alte Österreich-Ungarn nur von Hörensagen, jene Vorkriegsdoppelmonarchie, mit ihren zweidutzend Nationen, mit borniertestem Lokalpatriotismus neben resignierter Selbstironie, mit ihrer uralten Kultur, ihren Analphabeten, ihrem absolutistischen Feudalismus, ihrer spießbürgerlichen Romantik, spanischen Etikette und gemütlicher Verkommenheit . . . Ich weine dem alten Österreich-Ungarn keine Träne nach. Was morsch ist, soll zusammenbrechen, und wäre ich morsch, würde ich selbst zusammenbrechen, und ich glaube, ich würde mir keine Träne nachweinen.[32]

Preßburg

WERKE AUF WIDERRUF

In München beginnt für Horváth nicht nur die Universitätszeit, sondern auch die erste intensive Schreibperiode. Zwar sind die Belege aus den nun folgenden fünf Münchner und Murnauer Jahren eher spärlich, wenn man sie mit der Arbeitsproduktiviät der späteren Zeit vergleicht, aber der Bruder Lajos hat bezeugt, wie Horváth immer wieder umgeschrieben und verändert und wie er das meiste aus dieser Epoche vernichtet hat: «Er schrieb unheimlich viel. Das meiste hat er aber gleich wieder vernichtet. Er war überhaupt recht unglücklich, fast mit allen Dingen, die er geschrieben hat. Einmal hat er zu mir gesagt: Es ist so schad, daß wir hier Zentralheizung haben, sonst möcht ich den ganzen Dreck verbrennen.»[33]

Sieht man die Reihe von Vorlesungen an, die Horváth in den ersten Münchner Jahren belegt hatte, so findet man mehrere Stichworte, die für das Werk oder seine Motive wichtig werden, ein Hinweis auf die wache Aufnahmefähigkeit des künftigen Dramatikers. Professor Friedrich von der Leyen liest über «Das Märchen», über eine Gattung, die Horváth zeitlebens fasziniert; schon schreibt er an den ersten der *Sportmärchen*.

Bei Hans Heinrich Borcherdt hört er Vorlesungen über «Gerhart Hauptmann und die literarischen Probleme seiner Zeit»: daß der Sprachstil des
jungen Hauptmann – die Unausgesprochenheiten, die abbrechenden, ver-
stummenden Sätze etwa im «Friedensfest» – den dramatischen Stil Horváths mitbeeinflußt hat, kann man vermuten. Ein anderes Thema, auf das
Horváth immer wieder zu sprechen kommt: Professor von Notthaft liest
über «die Bekämpfung der Prostitution». In der Posse *Rund um den
Kongreß* wird aus dem Vorlesungstitel die groteske Haupthandlung
werden.[34]

Besonders anregend dürften aber die Seminare und Vorlesungen bei
Artur Kutscher gewesen sein, jenem ungewöhnlichen Universitätslehrer,
der immer mehr war als ein engstirniger Spezialgelehrter: ein Mann

München, um 1905

1919

der vitalsten Didaktik, der aktuellsten Themen, der stimulierenden
Freundschaften. Dichtung fand für ihn nicht nur in Büchern statt, sondern auch in unmittelbarem Umgang mit Autoren; eine langjährige
Freundschaft mit Wedekind hat ihn geprägt; der Versuch, den Dramatiker zum Vorlesungsthema zu machen, brachte ihn früh mit den Univer-
sitätsbehörden in Konflikt; dadurch wiederum wurde Kutscher bei den
Studenten populär; viele später berühmte Theaterleute drängten sich in
seinen Seminaren: Toller, Klabund, Piscator und viele andere.

Und wie auch immer distanziert gehörte Bertolt Brecht zum Kutscher-
Kreis. Zwar hat Brecht, nach eigenem Erinnern, «niemals Kolleggeld be-
zahlt», aber Kutscher berichtet, Brecht habe ziemlich regelmäßig die
Autorenabende besucht, und er erinnert sich: «Bert Brecht flüchtete schüch-

Artur Kutscher

tern und selbstbewußt mit Gedichten und einem Baal-Drama zu mir, nachdem mich sein Direktor wegen beleidigender Zeitungskritiken über ehrsame Bürger vor ihm gewarnt hatte. Er hielt als erstes Semester ein so unmögliches, von schiefer Grundauffassung und beizender Kritik strotzendes Referat über Johsts Roman ‹Der Anfang›, wie ich es noch nicht erlebt hatte...»[35] Es darf als gewiß gelten, daß Horváth und Brecht, die nur drei Jahre auseinander waren, sich schon in dieser Zeit wenn nicht begegnet, so doch über den Weg gelaufen sind; wobei es sicher zwischen dem schon arrivierenden Brecht («Baal» und «Trommeln in der Nacht») und dem noch tastenden Horváth zu keiner intensiven Bekanntschaft hat kommen können.

Daß der frühe Brecht auf den jungen Horváth Eindruck gemacht, wenn nicht sogar Einfluß gehabt hat, ließe sich mit einer ausführlichen Stil- und Motiv-Analyse belegen; hier sei nur das Detail angemerkt, daß der berühmte Satz aus «Trommeln in der Nacht»: «Glotzt nicht so romantisch!» in dem kurz darauf geschriebenen Horváth-Dreiakter *Mord in der Morgengasse* paraphrasiert auftaucht: *Glotzt doch nicht so dämlich!* Während Brecht mit der Uraufführung in den Münchner Kammerspielen

26

am 29. September 1922 über Nacht zum Ruhm emporschnellt, schrieb Horváth noch vorwiegend für die Schublade.

Allerdings kam er zu einer kleinen, kuriosen, lokalen Anerkennung. Nicht durch Ansehen, sondern durch Versehen geriet er an einen literarischen Auftrag. Er berichtet darüber:

Also: 1920 lernte ich hier in München in einer Gesellschaft den Komponisten Siegfried Kallenberg kennen. Ich besuchte damals die Universität und hatte, wie man so zu sagen pflegt, Interesse an der Kunst. Hatte mich selber aber in keiner Weise noch irgendwie künstlerisch betätigt – höchstens, daß ich mich mit dem Gedanken beschäftigt habe, Du könntest doch eigentlich Schriftsteller werden, Du gehst doch zum Beispiel gern ins Theater, hast bereits allerhand erlebt, widersprichst gern und oft, und manchmal hast Du doch so einen eigentümlichen Drang in Dir, auch etwas zu schreiben – ein Theaterstück zum Beispiel, oder eine Novelle oder gar einen Roman – und dann weißt Du es doch auch, daß Du nie Konzessionen machen darfst und daß es Dir eigentlich gleichgültig ist, was die Leute über Dich denken – – Pathetische Naturen fassen all diese Erkenntnisse unter dem schönen Namen «dichterische Mission» zusammen.

Nun, um also auf meinen Freund Kallenberg zurückzukommen: Kallenberg wandte sich an jenem Abend plötzlich an mich mit der Frage: «Wollen Sie mir eine Pantomime schreiben?» Ich war natürlich ziemlich verdutzt, weil ich es mir garnicht vorstellen konnte, wieso er mit diesem Anliegen ausgerechnet an mich herantritt – ich war doch garkein Schriftsteller und hatte noch nie in meinem Leben irgendetwas geschrieben. Er muß mich verwechseln, dachte ich mir – und ursprünglich wollte ich ihn auch aufklären. Dann aber durchzuckte mich blitzschnell (wie man so sagt) der Gedanke, warum sollst Du es denn nicht einmal probieren, eine Pantomime zu schreiben? Ich sagte Kallenberg: Ja – setzte mich hin und schrieb die Pantomime.[36]

In einer anderen Notiz verlegt er das Datum der Begegnung mit Siegfried Kallenberg auf das Jahr 1921[37], und im Cronauer-Interview schreibt er noch pointiert: *Er muß mich wohl verwechselt haben.*[38] Immerhin wird das kleine lyrisch-ekstatische Werk am 7. Februar 1922 in München gelesen, in eben jenem Steinicke-Saal, der auch für Kutscher-Veranstaltungen benutzt wurde. Der Saal mit etwa dreihundert Plätzen in der Adalbertstr. 15 hatte seinen Namen von einem kunstbeflissenen Münchner Stadtrat. Horváth steuerte nicht nur das *Buch der Tänze* zu diesem Abend bei, sondern auch ein *Buch der frühen Weisen.*

An die Pressereaktion auf diese Lesung (mit Annie Maree) hat sich Horváth später erinnert: *Sie war nämlich vernichtend und begann mit folgenden Worten: «Es ist eine Schmach» – usw. Aber ich nahm mir das weiter nicht sehr zu Herzen.*[39]

Das *Buch der Tänze* ist wohl das untypischste Werk, und wenn es eine dennoch typische Horváth-Eigenschaft verrät, so in der Adaptionsfähigkeit und -willigkeit. Horváth geht da offenbar völlig auf die Vorstellungen Kallenbergs ein, obwohl er wenige Jahre später schreibt: *Unabhängig voneinander beschäftigte uns das Problem der Vertiefung von Dichtung und Musik und die daraus sich ergebende Erweiterung des Begriffs Tanz.*

«Tänze» – weil das Wesentliche trotz der dramatischen Handlung nicht im Pantomimisch-Bildhaften, sondern im rein Tänzerischen liegt. Die Unselbständigkeit der Arbeit wird nicht nur von den schwülen Lyrismen (*Tief . . .: im dunkelgrün kühlen Schoße der mächtigen Meere träumt die einsame Perle –*) belegt, sondern auch von einer für den jungen Horváth völlig uncharakteristischen grammatischen Glätte. Hier hat Routine redigierend eingegriffen. Wenn auch durch das Dickicht des Melodramatischen etwas hinweist auf den späteren Horváth, so ist es das wiederkehrende Motiv der geopferten, sich opfernden, männlichem Zerstörungswillen preisgegebenen Frau. *Gefangene stolze Königinnen zerfallener Reiche* werden evoziert, *Es erwachte nie wieder . . . Das Teehausmädchen, Doch Bajadere lächelt. / Und er reißt sie an sich und beißt in sie . . . / Und Bajadere ist tot.*[40] Und: *Es grinst der Allmächtige und reibt sich den Bauch. / Denn sie tanzt! Und zerfällt in Stücke und umschmeichelt seine diamantenen Pantoffeln. – Und am Morgen ist er tot* heißt es von einem Fischer. In der Groteske *Episode in China* gibt es die gespenstisch-simple Strophe:

> *Mitternacht. Mitternacht.*
> *Traurig lacht*
> *dreht dann sacht*
> *langen Zopf*
> *um unter Kinn*
> *ein kleiner Mandarin.*
> *Einmal.*
> *Zweimal.*
> *Dreimal.*
> *Zunge quillt grün heraus.*
> *Alle Lampionen sterben aus.*

Jahre später, am 20. Februar 1926, wurde das *Buch der Tänze* in einer Matinee des Stadttheaters Osnabrück szenisch aufgeführt, zusammen mit Kaisers «Juana» (Regie Oscar Fritz Schuh). Nach dieser Aufführung kauft Horváth, mit finanzieller Unterstützung seines Vaters, alle noch im Buchhandel erreichbaren Exemplare des Werkes auf, entfernt Exemplare aus öffentlichen Bibliotheken und bittet Freunde, ihm das Buch zurückzugeben. Er vernichtet jedes Bändchen, das ihm in die Hände kommt.

Überall kauert der Tod und lauert. Dieser Satz aus dem *Buch der Tänze* ist aber schon wie ein Leitmotiv nicht nur für die früheren Arbeiten, er gilt auch für gesamte Werk.

Ein Epilog nimmt die Todesduelle des *Buchs der Tänze* auf und reduziert sie auf eine verzweifelte Liebesgeschichte, die noch alle Merkmale einer Trivialstory hat: Ein schwangeres Mädchen, ein junger Mann, dessen Liebe nun durch die Schwangerschaft verstört wird, die Angst vor der Mutter, das Intermezzo eines rührenden Märchens, und auch der Vorgriff auf einen der Schauplätze, die in vielen seiner späteren Arbeiten wiederkehren werden: das möblierte Zimmer und endlich der Tod des Mädchens, dessen Melodramatik schon gemildert wird durch

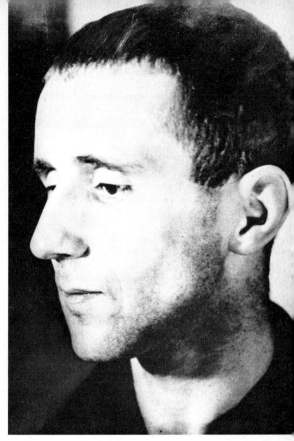

Bertolt Brecht

hochpointierte Paradoxie: *Der junge Mann hebt, wie unter Einwirkung einer fremden Macht, den Revolver und hält ihn starr auf sich gerichtet. Eine lange Stille. Das Mädchen wirft plötzlich die Arme in die Höhe und schreit gellend auf: Nein! Greift sich ans Herz und wirft den Kopf zurück und bricht leblos zusammen. Eine große Stille. Der junge Mann ganz leise und fast stockend: – Das Leben – Läßt den Revolver fallen und fährt sich mit der Hand durch das Haar und atmet tief befreit auf ...*

Mit einer Mordtat bricht auch der Entwurf einer *Chronik aus dem Jahr 1495* ab, die als *Schauspiel aus Ungarns Geschichte* konzipiert wurde. Zwei Söldner haben einen Blinden, der sich mit seiner Frau in Kriegswirren zur falschen Partei verirrt hat, in seinen Tod tappen lassen: *Wir ließen ihn stehen. Auf der Brücke ohne Geländer. Sie grinsen. Alle lachen. Blinder heult in der Ferne.* Das Stück sollte *Dosa* heißen.[41]

Mit diesem Stoff behandelt Horváth einen Abschnitt der ungarischen Geschichte, den er in der Schule kennengelernt hatte. Dosa war ein ungarischer Bauernführer, der – 1514 – von dem siebenbürgischen Wojwoden Johann Szapolya bei Temesvar besiegt, gefangengenommen und zu Tode gefoltert wurde. Horváths ungarischer Schulfreund und Biograph Jenö Krammer berichtet:

Da die Vorarbeiten zu dem geplanten Dosa-Drama in eine Zeit fallen, die eigentlich nur sieben bis acht Jahre von der ungarischen Mittelschulzeit Horváths getrennt ist, kann ganz ruhig angenommen werden, daß hier noch frühe Geschichtsstudien, die genannten sehr dynamischen Geschichtsstunden nachwirkten. Der alte Janos Theisz wählte mit Vorliebe Epochen und Geschehnisse aus, die Wendepunkte oder Krisen in der historischen Entwicklung bedeuteten, und als solche galt auch der ungarische Bauernkrieg von 1514.

Dazu mag auch beigetragen haben, daß der Roman über das Jahr 1514 des liberalen Baron Josef Eötvös als Pflichtlektüre in dem Lehrplan der Mittelschulen stand und Ödön ihn wahrscheinlich auch gelesen hatte.»[42]

Obwohl Horváth an diesem Stoff ausgiebig gearbeitet zu haben scheint, auch was Dramaturgie und Akteinteilung und Stoff-Recherchen angeht, will es charakteristisch erscheinen, daß er das bloß historische Milieu ad acta gelegt hat. Er war, auch in dieser Phase schon, aus auf seine Schauplätze: Stille, unheimliche Straßen, kleine, bürgerliche, kleinbürgerliche Zimmer. Auf die Alltäglichkeit, auf die «Normalität». Auf das Drama des Hier und Heute.

Das Stück *Mord in der Mohrengasse* [43] ist bis heute nicht aufgeführt; es ist auch erst in der Suhrkamp-Ausgabe der *Gesammelten Werke* – also vor fünf Jahren – zum erstenmal abgedruckt; es gibt bis heute kein Bühnenmanuskript davon; es gehört noch zu den Werken auf Widerruf und ist gewiß der aufregendste unter den frühen Versuchen: während er Horváth einerseits in der Auseinandersetzung mit dem Expressionismus und in der Emanzipation davon zeigt, führt es andererseits deutlich Horváths Eigenarten vor, ja, man kann es wie eine Ouvertüre zum gesamten Werk ansehen, in der alle Motive, viele Figuren, die entscheidenden Schauplätze und die charakteristischen «Sprünge» (Handke) der Dialoge schon da sind. Dieses «Schauspiel in drei Akten» und von nur zwanzig Druckseiten ist wie ein früher Schlüssel zum späteren Werk; deshalb soll dieses kurze Werk hier, als eine Art Programm, ausführlicher beschrieben werden.

Da sind einmal zwei der charakteristischen Horváth-Schauplätze: Ein (klein)bürgerliches Wohnzimmer im ersten und dritten Akt: *Links über einem runden Tisch die Lampe. Rechts ein Fenster neben einem Sofa. An den Wänden Familienfotografien in goldenem Rahmen.* Und im zweiten Akt finden wir das Debüt der wohl wichtigsten Horváthschen Szenerie, seiner Passagen-Dramaturgie: die Straße. Er beschreibt sie wie folgt: *Mohrengasse. Von links nach rechts: Ein geschlossener Laden mit Schildaufschrift: Diamanten. Gold. Simon Kohn. Kauf. Verkauf. Eine schmale Hoteltüre, die in einen matt erleuchteten Korridor mündet. Vor dem ersten Stocke halbkreisförmig trübelektrische Buchstaben: Hotel. Eine Bar. Hinter der schmutzigen Fensterscheibe, auf der ein altes Plakat klebt, geigt ein Schatten. Man hört aber keine Musik. Es ist Nacht und still.* Die Mohrengasse ist gewissermaßen die erste in einem Stadtplan Horváthscher Straßenlandschaft; später wird sie auf die *Stille Straße im VIII.*

Bezirk (*Geschichten aus dem Wienerwald*), auf die *Seitengasse einer großen Stadt, durch die ein Fluß fließt* (*Unbekannte aus der Seine*) hinauslaufen. Die Mohrengasse ist das erste jener Terrains, auf denen Horváth seine Figuren förmlich aussetzt. Elizabeth Gough-Haigh hat als erste die Dialektik dieses Schauplatzes und der Art, wie Horváth sich seiner bedient, gezeigt: «Bei Tag gesehen», schreibt sie, «sind Straßenszenen gewöhnlich ‹öffentlich› im Charakter, aber bei Nacht wird dieselbe Straße unheimlich und gewinnt ‹privaten› Charakter. Was bei Tag normal, freundlich und bekannt erscheint, wirkt bei Nacht seltsam, fremd und kalt.» Auch darin ist *Mord in der Mohrengasse* programmatisch. Und noch einmal dieselbe Beobachterin: «Das Bühnenbild ist bei Horváth nicht einfach ein Hintergrund, vor dem seine Figuren und mit ihnen seine Ideen vorgeführt werden, und der dem ganzen Bild eine gewisse ‹Atmosphäre› verleiht, sondern ein Katalysator. Wir sehen die Figuren nicht v o r einem Hintergrund, sondern i n einer Umwelt.»[44]

Diese nächtlichen Straßen sind keine Idyllen, es sind Lauer- und Kauerplätze. So dunkel sie sein mögen, hier gibt es – um mit einer Horváthschen Lieblingsfloskel zu reden – dauernd die Sonne, die etwas an den Tag bringt. Hier wimmelt es von Fallen, in die einer tappt. Mehr noch als das Verbrechen liegt die Lust, es zu ahnden, aufzuspüren, jedermann für verdächtig zu erklären in der Luft. Diese Nächte sind allesamt wie finstere Machenschaften, dunkle Vorhaben, sie sind schlimmer als die Polizei erlaubt, und deshalb ist diese auch meist zur Stelle.

So auch im zweiten Akt der *Mohrengasse*: Kaum hat sich zu den zwei angestammten Prostituierten die «Altmodische» gesellt, eine jener armen Frauen, denen Horváth zeitschreibens die Treue hält, da taucht auch schon ein Polizist auf, *hält langsam auf sie zu* und verlangt nach ihren Papieren. Er hat sie gleichsam «auf Verdacht» angehalten, weil sie mit einem Kleid *aus Urgroßmutters Zeiten* dahergeht; doch schon stellt sich heraus, daß sie in der Tat etwas verbrochen hat: Aufforderung zum Mord. Doch das ist 22 Jahre her, und sie ist gerade aus dem Gefängnis entlassen worden. Auch wenn sie weiß, daß ihr nichts vorzuwerfen ist, verkörpert sie vor allem: das schlechte Gewissen. Und «Angst» ist das Stichwort in dem kurzen vorbeihuschenden Dialog zwischen dem Eisenbahner und seiner Frau, die nicht allein gelassen werden will.

In das so vorbereitete Klima, in die zum Hinterhalt gewordene Straße, in die jedermann anschwärzende «Mohrengasse» tritt nun der junge Wenzel Klamuschke, der ausgeflippte Sohn jener Familie Klamuschke, von der im ersten Akt schon die Mutter, der nichtverlorene Sohn Paul, die dazugehörige Schwiegertocher Mathilde als das Aschenbrödel und die eher flotte Ilse mitsamt ihrem Verehrer Herbert Müller zu besichtigen waren. Daß, was auch immer Wenzel nun vorhat, nicht gutgehen wird, daß er keine Chance hat gegen die Straße, daß er, wie immer auch auf Posten, auf einem verlorenen ist, hat Horváth mit wenigen Sätzen, knappen Dialogen klargemacht. Und auch, wie hellhörig es zugeht: denn Wenzel Klamuschke hat sogar den Dialog der Altmodischen mit dem Polizisten mitbekommen: *Hören Sie, Sie werden sich doch etwas erspart haben: in 22 Jahren.*

Aber Wenzel schüttelt die Alte ab und bleibt in noch melancholischerer (und expressionistisch getönter) Gesellschaft zurück: mit sich allein: *Fahrwohl! Auch ich war ein Jüngling mit lockigem Haar. Sentimental und mit Pickeln im Gesicht. Gute alte Zeit! (Er preßt die Stirn an das Barfenster.) Siehst du den Satanas? Nur dich selbst! Kein Teufel, da kein lieber Gott! Nur zwei Augen, Nase, Mund, eine Stirne, niemals zwei, ein Hut um sechsfünfzig und die Gnade, nur selten von der Wahrheit besucht zu werden. Das ist alles. Oder nichts. Bist erkannt, du Dreck! . . . (Er lächelt irr; starrt dann vor sich hin.) Alles ist hohl und leer. Die Häuser riechen nach Leichen und Sauerkraut. Man sollte sich selber erbrechen können. – Alles ist tot. (Still; dann geht er langsam an den Laden und liest.) Kennt ihr Simon Kohn? . . . Herr Kohn. Lassen Sie mit sich reden. Ruhig reden. Ich irrte. Reden, Herr Kohn! Wollte ja alles anders, immer alles anders! Wollte doch nur einbrechen, den Schmuck stehlen, ich schwöre: wollte nur stehlen! Hören Sie mich? Stehen Sie doch wieder auf, liegen ja unterm Pult! Setzen Sie sich wieder! Und nehmen Sie Stock und Hut! Stehen Sie auf, auf . . .*

Und auch das ist programmtisch, daß Horváth an dieser Stelle die quasi-realistische Situation aufhebt und den eben ermordeten Herrn Kohn erscheinen und in einen beinah alltäglichen Dialog eintreten läßt. So genau die Wirklichkeit ist, die Horváth herzustellen vermag, so präzise hat – später wieder in den Werken der letzten Jahre – auch die Unwirklichkeit in ihr Platz. Und es wirkt gar nicht komisch, höchstens verwirrend, wenn zum Polizisten, der bleich und ernst konstatiert hat: *Mord,* nun langsam das Opfer selbst tritt und einen Hinweis auf den Täter gibt: *Sehen Sie nicht hin! Er sieht her. Dort drüben: unterm Haustor. Dort steht einer –*

Und im dritten Akt wird nun die scheinbare Idylle des bürgerlichen Zimmers zum Rahmen des Entsetzlichen: Wenzel, der Raubmörder, hat sich mit Hosenträgern an einem Haken erhängt; zwei Detektive, die noch in der Nacht die Familie aus dem Schlaf oder einer flüchtigen Umarmung gescheucht haben, schneiden die Leiche ab und betten sie auf das Sofa. Und im Angesicht des Toten zerfällt die bürgerliche Familie in eine Gruppe aus dem Tartarus, wird heimgesucht von Ekstasen der Trostlosigkeit. Die Mutter klagt: *Hab schon viel getragen. Zuviel. Hab euch getragen, zuerst im Bauch, dann am Buckel, – doch bevor ich zusammenbreche, werf ich euch ab! Hört ihr? Ab!* und Paul: *Der liebe Gott spielt Skat im himmlischen Bilderbuch und hört uns nicht, wenn es überhaupt so etwas gibt!* Und Mathilde, die Schwiegertochter, hat das verzweifelte letzte Wort: *Er kommt wieder, er kommt wieder – (Sie sieht sich scheu um und lauscht; springt dann plötzlich empor und eilt wimmernd auf Paul zu.) Du, ich hab solch Angst: um das, das kommen wird.*

Berlin: der Potsdamer Platz

HORVÁTH ENTDECKT BERLIN

Wenn ich die Frage beantworten soll, warum ich aus der erholsamen Stille des Dorfes nach Berlin gezogen bin, so muß ich gestehen, daß mir die Antwort teils leicht und teils sehr schwer fällt. Es ist natürlich leicht zu sagen, daß die Stadt den Ton angibt und nicht das Land. Daß das Land kulturell tot ist, unfähig zur Erzeugung einer neuen Kultur, daß die Antwort im Handumdrehen lediglich oberflächlich formuliert werden kann, und zwar so: in der Großstadt habe ich mehr Eindrücke, sehe ich mehr und wichtigeres für unsere Zeit als auf dem Lande . . . Und nun das Wichtigste: bekanntlich braucht man zum Denken einen Stuhl, auf dem man sitzt. Es hat sich allmählich herumgesprochen, daß das Materielle unentbehrlich ist. Und das bietet dem jungen Schriftsteller nur Berlin, von allen deutschen Städten. Berlin, das die Jugend liebt, und auch etwas für die Jugend tut, im Gegensatz zu den meisten anderen Städten, die nur platonische Liebe kennen. Ich liebe Berlin.[45]

Neben dem Materiellen aber war es auch noch etwas zumindest ebenso Wichtiges, das Berlin den jungen Schriftstellern der zwanziger Jahre bot: Stoff, jenen Stoff, aus dem die Alpträume der Weimarer Republik gemacht waren, Zeitgeschichte, Atmosphäre, gesellschaftliches Bewußtsein. Hier, in der «Menschenwerkstatt Berlin» (Heinrich Mann) herrschte ein Klima, in dem unpolitisches Existieren nicht möglich war. Elfenbeintürme gehörten nicht zur Silhouette der Stadt. Sie war von Anfang an das eigentliche Spannungsfeld der ungeliebten, unbegriffenen ersten deutschen Republik. Sie war das Arbeitsfeld für zahlreiche junge Autoren.

Berlin, war, unter anderem, die Hauptstadt der jungen deutschen Dramatik. Brecht hatte sich hier niedergelassen, seine Stücke wurden auf den Bühnen der Stadt gespielt. Arnolt Bronnen hatte spektakuläre Erfolge auch auf kleinen Bühnen. Carl Sternheim und Georg Kaiser waren die älteren Verstörer der Szene. Hauptmann und Sudermann waren immer noch präsent. Ernst Toller war auf der Szene, Johannes R. Becher, Klabund mit seinem «Kreidekreis» und Carl Zuckmayer mit dem «Fröhlichen Weinberg» – sie alle lebten und schrieben in diesem großen und unmajestätischen Berlin. Die Attraktion der Stadt war ungeheuer, auch für Journalisten und Romanschriftsteller: Carl von Ossietzky war aus Hamburg gekommen, Erich Kästner aus Sachsen, Heinrich Mann hat sich hier niedergelassen, Alfred Döblin entdeckte, nach vielen Ansätzen, Berlin für sein Werk; dies war nicht nur eine Menschenwerkstatt, sondern auch ein riesiges, hektisches, aufregendes, anregendes Arbeitsfeld.

Horváth kam Ende 1924 nach Berlin; offenbar hatte ihn eine Paris-Reise im Herbst (mit dem Bruder und den Eltern) dazu bestimmt, in die Hauptstadt überzusiedeln. Aber der junge Mann von 23 Jahren war nur angekommen, nicht schon arriviert. Nimmt man die Spärlichkeit der Dokumente oder Erwähnungen aus jener ersten Berliner Zeit als Indiz, so kann man sagen, daß er keine große Rolle im Kulturbetrieb gespielt hat. Als erstes Signal seines Aufenthalts kann der Abdruck dreier *Sportmärchen* in der «BZ am Mittag» vom 21. November 1924 angesehen werden: *Was ist das? Start und Ziel. Vom artigen Ringkämpfer.* Aber eine kontinuierliche Mitarbeit hat sich daraus nicht ergeben; Abdrucke in Berliner Blättern sind erst wieder für Ende 1926 belegt; damals druckte die «Berliner Volkszeitung» in kurzen Abständen wieder drei *Sportmärchen*.

Die *Sportmärchen* nehmen im Schaffen Horváths ungefähr die Stellung und den Rang ein wie die Geschichten vom Herrn Keuner bei Brecht. Im Laufe von etwa sechs Jahren sind rund dreißig dieser kurzen Texte entstanden – die Publikationen beginnen im Jahre 1924 und reichen bis 1932.[46] Gerade wegen ihrer kurzen, prägnanten, epigrammatischen Form, die in der Regel das Ausmaß des traditionellen Feuilletons noch unterschritt, waren sie leicht und bequem zu placieren. Typisch für die *Sportmärchen* ist ihre dialogische, antithetische Form; es sind oft Mini-Dramen, Lehr-Szenen; als Beispiel dafür mag hier *Start und Ziel* stehen:

Manchmal plaudern Start und Ziel miteinander.

Es sagt das Ziel:

«Stände ich nicht hier – wärest du ziellos!»

Und der Start sagt:

«Das ist schon richtig; doch denke: wäre ich ziellos – was dann?»

«Das wäre mein Tod.»

Da lächelt der Start:

«*Jaja – so ist das Leben, Herr Vetter!*»[47]

Fast alle diese *Sportmärchen* sind von solcher Dualität: Da gibt es den artigen Ringkämpfer und den unartigen Ringkämpfer; da gibt es den großen und den kleinen Berg; da gibt es den lebenslangen Kampf zweier Schwergewichte, die als Zwillinge geboren werden und *sich schon in der ersten Runde ihres Daseins hassen*. Da gibt es das *nüchterne Brustschwimmen*, das auf dem Weg nach Amerika müde wird und als *romantisches Brustschwimmen* wieder aufwacht; da gibt es die *Begegnung in der Wand* zwischen dem geübten Bergsteiger und dem ungeübten Bergsteiger, welch letzteren Horváth mit böser Meisterschaft im Makaberen beschreibt: *Der lag schon seit einigen Jahren an dieser Stelle. Kopfabwärts. Sein Rückgrat war gebrochen und lugte nun aus seiner Kehle wie eine schlechtsitzende Kravatte, dadurch hing sein Schädel hinten herunter als hätt er den Hals vergessen. Statt Kleider flatterten im kühlen Bergwind nur Fetzen der Wickelgamaschen um seine Knochen, auf denen sich am besten die Fleischteile auf der Brust behaupteten. Und er besaß nur mehr einen Arm, denn der andere hatte bereits zu(m) letzt(en) Frühjahr seinen Rumpf verlassen und war nach unten in die finstere Randkluft geflogen. Das Fliegen hatte jener wahrscheinlich den Jochgeiern abgeguckt, denen die Augen seines Herrn seinerzeit als Leckerbissen mundeten.*

Es sind also keineswegs gemütliche Stücke, diese *Sportmärchen*, und der verunglückte Bergsteiger ist durchaus nicht der einzige Tote: es stirbt auch der unartige Ringkämpfer, während er gerade auf einer Wirtshaustoilette sitzt und an die Wand kreidet: *Unser Herr Tod / Kennt kein Gebot*, es stirbt das eine der beiden Schwergewichte an einer Erkältung durch ein offengelassenes Fenster (– was dann in den *Geschichten* zu einem entscheidenden, ja mörderischen Motiv wird –), es stirbt der Hochsprung, weil er nicht über einen Fluß hat setzen können, es stirbt der Fallschirmspringer, weil sein Fallschirm sich gegen ihn verschworen hat, und nur ein weiterer Bergsteiger hat Glück: Zwar hat sich sein Gerät, wegen seiner undankbaren Nachlässigkeit, gegen ihn verschworen: *Die Windjacke sollte sich zuhause verstecken, um überhaupt nicht dabei zu sein. Zuerst müßten dann die Nagelschuhe, vornehmlich mit ihren besonders spitzen Absatzzähnen, seine Fersen und Sohlen blutig beißen. Später in der Wand wird ihn der Rucksack aus dem Gleichgewicht bringen, wobei sich die Kletterschuhe aalglatt zu benehmen haben – und sogleich wird der Pickel in seine Gedärme eindringen und das Seil ihn mit einer Schlinge erwürgen.* Aber es kommt anders: *Jedoch zu selbiger Zeit glitt der Bergsteiger auf der Straße über eine Apfelsinenschale und brach sich das Bein. Und – er würde sicher nicht mehr fluchen, daß er nun nie mehr in die Berge kann, wüßte er von der Beratung.* Aber die Verschwörung der Dinge ist nur die Kehrseite der Zärtlichkeit, mit der Horváth sie betrachtet, wie etwa in dem Stück *Aus einem Rennradfahrerfamilienleben*, wo er einen Kindertraum erzählt: *Dann schläft es ein und träumt, während Vater siegt und Mutter Reifen flickt, von Motorradelfen und dem Prinzeßchen im Beiwagen; und von Kühlerkobolden auf Märchenkraftwagen und den sieben radfahrenden Geißlein, Bremshexen und Übersetzungsschlänglein.*

Nur einer dieser Todesfälle ist wirklich märchenhaft, idyllisch: der des kleinen Jungen in der *Legende vom Fußballplatz*. Das ist eine ebenso rührende wie sachkundige Geschichte, die Horváth später, als Prolog zu seinem Stück *Himmelwärts* und in dem Roman *Jugend ohne Gott* wieder verwenden wird. Wie da ein Engel einen Ball geradezu wolkenhoch schlägt und der Junge ihm folgt und wie er dann einem wirklich «himmlischen» Match zuschauen darf:

Unermeßliche Seligkeit erfüllte des armen kleinen Buben Herz. Das Spiel hatte begonnen, um nimmermehr beendet zu werden, und die Zweiundzwanzig spielten wie er noch nie spielen sah (– gewissermaßen das, was man heute zwei Traumelfen nennen würde –). Manchmal kam es zwar vor, daß der eine oder andere dem Balle einfach nachflog (es waren ja lauter Engel), doch da pfiff der Schiedsrichter, (ein Erzengel) sogleich ab: wegen unfairer Kampfesweise. Das Wetter war herrlich. Etwas Sonne und kein Wind. Ein richtiges Fußballwetter. Seit dieser Zeit hat niemand mehr den armen kleinen Buben auf einem irdischen Fußballplatz gesehen.

Aber auch in diesen kleinen Stücken, die ja nicht eigentlich Prosa sind, sondern dramatische Etüden, zeigt sich schon der Horváth jener «irren Sätze», die Handke zuerst so genannt hat. Ein besonders markanter Beleg dafür ist der dritte Teil aus dem Märchen *vom wunderlichen Herrn von Bindunghausen*:

Leitartikel las er nur schlittschuhlaufend: Bogen links, Bogen rechts, Dreier, Dreiersprung, sprungpung – pung! Da saß er am Hintern und tief im Teiche rief der Wassermann: «Herein!» Denn man darf nicht aufhören zu hoffen.

So dachten auch die Nixlein unterm durchsichtigen Eis und zwinkerten ihm, wenns dämmerte, aus Schlingpflanzen zu: «Kleiner komm runter –».
Sie waren zwar recht kitschig, doch nichts Menschliches blieb ihm fremd.

Horváth in Berlin: Er bringt, was er morgens liest oder erfährt, abends in dialogische Form, er beginnt, höchst aktuelles Theater zu schreiben, zunächst noch unter Ausschluß der Öffentlichkeit. Die Stoffe der frühen Berliner Jahre sind – und selbst die Komödie *Zur schönen Aussicht* ist da nur scheinbare Ausnahme – allesamt politisch, manche tagespolitisch. Sie dramatisieren öffentliche Ereignisse. Sie zeigen Horváth auf der Suche nach einem moralischen, gesellschaftskritischen Standort. Daß er eher links ist, war damals so selbstverständlich wie heute; daß er sozial engagiert ist, mag ebenfalls eine Selbstverständlichkeit sein; aber daß er auch einen guten Schuß Skepsis schon früh enthielt – das ist Horváths Eigenart.

Die Zeitungen als Rohstoff. Am 26. Juli 1926 wird die Zugspitzbahn eingeweiht. Einige Zeit vorher hat es einen Unfall gegeben, mit mehreren Toten. Horváth kennt sich in der Gegend aus, hat offenbar Näheres von den Umständen gehört, und er setzt nun die Vorgänge in theatralische Aktion: *Mein erstes Stück heißt «Die Bergbahn». Das Stück hat zum Inhalt den Kampf zwischen Kapital und Arbeitskraft, mit besonderer Berücksichtigung der sogenannten Intelligenz im Produktionsprozeß. Es wurde im Herbst 1927 im Hamburg, an den dortigen Kammerspielen uraufgeführt – erst 1929 im Januar in Berlin an der Volksbühne. Ich bezeichnete die «Bergbahn» (wie auch dann alle meine folgenden Stücke) als ein Volksstück. Die Bezeichnung «Volksstück» war bis dahin in der*

modernen dramatischen Produktion nicht gebräuchlich. Natürlich ge-
brauchte ich diese Bezeichnung nicht willkürlich, das heißt: nicht einfach
nur deshalb, weil das Stück ein bayerisches Dialektstück ist, sondern weil
mir so etwas Ähnliches wie Fortsetzung des alten Volksstückes vor-
schwebte. Des alten Volksstücks, das für uns junge Menschen mehr oder
minder natürlich auch nur noch einen historischen Wert bedeutet. Denn
die Gestalten dieser Volksstücke, also die Träger der Handlung, haben
sich doch bekanntlich in den letzten zwei Jahrzehnten ganz unglaublich
verändert . . . Es gibt eine ganze Anzahl ewigmenschlicher Probleme, über
die unsere Großeltern geweint haben, und über die wir heute lachen, und
umgekehrt. Will man nun also das alte Volksstück heute fortsetzen, so
wird man natürlich heutige Menschen aus dem Volke (wie der schöne feu-
dale Ausdruck lautet) auf die Bühne bringen – also: Kleinbürger und
Proletarier.[48]

Die Politisierung Horváths in Berlin zeichnet sich hier vor dem Hintergrund der bayerischen Berge ab. Auf einem Terrain schroffer Natur
handelt Horváth ein soziales Modell ab, das bis heute, und gerade heute
wieder, aufregend aktuell wirkt. Es bietet nämlich nicht das simple und
illusorische Schema vom Ausbeuter und vom Ausgebeuteten, nicht die
Wallraffsche Simpel-Formel von Ihr-da-oben-Wir-da-unten, sondern
es stellt die böse Dreifaltigkeit Geld (Aufsichtsrat) – leitender Angestellter (Ingenieur) – und Arbeiter dar. Bei allem expressionistischen Zacken
und Zucken, bei auch gelegentlichen Ganghofereien der Sprachgebärden,
wird hier mit großer Subtilität und einer verblüffenden ökonomischen
Kenntnis das kapitalistische System gewissermaßen donnergrollend
durchschaut.[49]

Sliwinski: Da liest man überall vom Fortschritt der Menschheit und die
Leut bekränzn an Ingineur wie a Preisstier, die Direkter sperrn die
Geldsack ind Kass und dem Bauer blüht der Fremdenverkehr. A jede
Schraubn werd zum «Wunder der Technik», a jede Odlgrubn zur «Heil-
quelle». Aber, daß aner sei Lebn hergebn hat, des Blut, werd ausra-
diert!
Simon: Na, des werd zu Gold! . . .
Xaver: Allweil des Geld.
Hannes: Des Geld hat der Teifl gweiht!
Maurer: Des Grundübel, des is die kapitalistische Produktionsweise. So-
lang da a solche Anarchie herrscht, solang darfst wartn mit den Idealen
des Menschengeschlechts. Die Befreiung der Arbeiterklasse –
Simon (unterbricht ihn): Des san Sprüch.
Maurer: Was san des?
Simon: Sprüch. – Und weiß warum? Weil mans nur hört, aber net spürt!
Da hat erst neuli einer drunt gesprochn, vor der letzn Wahl wars, und
Leut warn da von weit und breit, gstecktvoll! und gredt hat der, zwa
Stund! Vom Klassenbewußtsein und der Herrschaft des Proletariats,
und vom Zukunftsstaat, zwa Stund – aber nachher, da hat er mit an
Gendarm kegelt, vier Stund! Lauter Kränz habns geschobn, lauter
Kränz! An Kenig habns stehn lassn, a jedsmal! Akkurat! –

Horváths Sympathie ist deutlich bei diesen Arbeitern, und er entwirft in der Figur des geradezu weisen Oberle einen proletarischen Helden. Aber noch dessen Gegenstück, der aufbrausende und im Jähzorn brutale Moser, der den ins Arbeitslager verirrten arbeitslosen Friseur zusammenschlägt, bekommt Gelegenheit zur Rehabilitation: *Des gestern, des war – horch! I will di net um Verzeihung bittn, i war ja im Recht, verstehst ... Aber, weißt, was i net versteh? Daß ich im Recht bin und daß es mir trotzdem is, als hätt i unrecht gtan – verstehst du des. Kann des a Menschen verstehen?!*

Am interessantesten aber ist die Figur des Ingenieurs, wenn er auch mehr eine Theorie des hierarchischen Dilemmas verkörpert als einen wirklichen Menschen. Er wird vom Aufsichtsrat gelobt: *Rekord! Und Hochachtung! – Unter uns: in der letzten Aufsichtsratssitzung fiel der Satz: Sie seien besessen von Ihrer Arbeit, Ihre Besessenheit ist kapital! Im wahren Sinn des Wortes: Kapital!* Der Ingenieur funktioniert durchaus im Sinne der Geldgeber: er stimmt dem Aufsichtsrat zu, daß die Belegschaft so bald wie möglich verringert werden müsse. Aber nicht wo es um Menschen, sondern um seinen know how geht, da fängt er an, sperrig zu werden, und er wehrt sich gegen die Forderung, weitere Verzögerungen dürfe es nicht geben: *Ob man sie tragen muß, entscheidet der Sturm. Die kommenden vier Tage. Denn schlägt das Wetter um, dann kommt der Winterschlaf. Und setzt gar das Frühjahr spät und schlecht ein, so dürfte sich die Inbetriebnahme leicht um ein volles Jahr verzögern.* Und er macht den Stolz des Professionals geltend: *Mein Werk ist kein Geschäft ... Über der Person steht das Werk ... die Person fordert Bewegungsfreiheit, um schaffen zu können.* Und dann wird der Ingenieur vom Kapitalisten massiv eingeschüchtert: *Es gibt nur wenige A.G.s, aber zahlreiche Ingenieure. Ingenieure, die sich aber auch gern hetzen ließen, wenn – Und die auch gegen die Arbeiterschaft energisch einschreiten.* Prompt tut es Horváths Ingenieur. Ob die Drohung aber schon Motivation genug ist für die brutale Szene im Berg, wo der Ingenieur (allerdings in Angst vor der empörten Haltung der Arbeiter, denen er eben die Entlassung mitgeteilt hat) einen Revolver zieht und wild auf die Männer losknallt, das mag bezweifelt werden.

In den ersten Jahren seines Berliner Aufenthalts wurde Horváth auch mit Mitgliedern der Liga für Menschenrechte bekannt. Deren Sekretär, Kurt R. Großmann, hat in seiner Ossietzky-Biographie berichtet, daß Horváth sich beteiligt hat an einer Denkschrift «Acht Jahre politische Justiz», die von der Liga am 11. Juni 1927 zugleich den Mitgliedern des Deutschen Reichstages und der Presse übergeben wurde. «In den Räumen der Liga in der Wilhelmstraße setzte eine rege Tätigkeit ein. Ein Bruder des Ministerialdirektors Carl Falck, Bürgermeister a. D. Falck aus Freienwalde, und der Schriftsteller Ödön von Horváth zogen in unser Büro ein, um die umfangreichen Unterlagen zu sichten.»[50] Carl von Ossietzky hatte schon zwei Jahre zuvor, im Juni 1925, in einem Aufsatz «Das heimliche Heer» auf die Machenschaften der Schwarzen Reichswehr und die Vertuschungsversuche der Justiz hingewiesen. «Die Geschichte der Wehrverbände», heißt es da zum Beispiel, «vom Kapp-Putsch bis zum Hitler-Putsch wird

Carl von Ossietzky

einmal geschrieben werden als Kapitel: Deutschland am Rande der Anarchie! Man braucht nicht zu zweifeln, daß die militärischen Stellen, soweit sie nicht völlig im rechtsradikalen Fahrwasser schwimmen, vornehmlich von innerpolitischen Erwägungen ausgingen. Berufssoldaten, seien sie noch so chauvinistisch eingestellt, wissen sehr gut, daß der Krieg – der Krieg von heute und morgen! – nicht mit einer bunt zusammengewürfelten Truppe sensationslustiger Jünglinge zweifelhafter Disziplin geführt wird. Aber in der Zeit desolater Wirtschaft und unter Null gesunkener Staatsautorität, hilfloser Kabinette und querulierender Parlamente, da mußten sie sich als die letzte in sich ruhende Größe zum Schutze der bürgerlichen Ordnung fühlen . . .»[51]

Aus der Mitarbeit bei der Liga entsteht das Stück *Sladek oder Die schwarze Armee*. *Sladek, so hat Horváth selbst dazu gesagt, ist als Figur ein völlig aus unserer Zeit herausgeborener und nur durch sie erklärbarer Typ; er ist, wie ein Berliner Verleger ihn einmal nannte, eine Gestalt, die zwischen Büchners Woyzek und dem Schwejk liegt. Ein ausgesprochener Vertreter jenes «Jahrgangs 1902», der in seiner Pubertät die «große Zeit», Krieg und Inflation mitgemacht hat, ist er der Typus des Traditionslosen, Entwurzelten, dem jedes feste Fundament fehlt und der so zum Prototyp des Mitläufers wird.*[52] (Daß Horváth mit dieser Definition der Äußerung des Verlegers kräftig widerspricht – vor allem, was den Schwejk angeht –, sollte auch dann hier angemerkt werden, wenn er es selbst nicht bemerkt zu haben scheint.) ... *Die inhaltliche Form meines Stückes ist historisches Drama ... Aber seine Idee, seine Tendenz ist ganz heutig. Ich glaube, daß ein wirklicher Dramatiker kein Wort ohne Tendenz schreiben kann.*

Ohne eigentlich Mörder zu sein, begeht er einen Mord (Horváth). Sladek wird zum Mörder an seiner ältlichen Geliebten, der Anna, weil sie sich in den Verdacht gebracht hat, sie werde etwas ausplaudern über die Ziele und Machenschaften der Schwarzen Reichswehr. Später rechtfertigt er sich, verwirrt: *Der intelligente Mensch gibt seinen Denkfehler zu, ich denk heut auch etwas anders, obwohl ich immer recht gehabt hab, aber es war alles durcheinander. Ich hab mich mit dem Vaterland verwechselt. Es wird zwar immer gemordet, weil man ja nicht anders kann, aber das darf der Einzelne nur als Teil, obwohl ja ganz zu guter Letzt alles für den Einzelnen ist. Es ist aber komisch, daß, wenn man sich als Teil selbständig macht, zum Beispiel beim Morden, man das Gefühl hat, als sollt man doch anders tun, obwohl man doch muß.*[53] Die Gespenstischkeit dieser Gedankengänge hat einen durchaus realen Hintergrund: Die Schwarze Reichswehr und ähnliche Freikorps schützten zu Beginn der zwanziger Jahre ihre paramilitärischen Aktionen und Vorbereitungen durch strikte «Liquidierung» aller verdächtigen Mitwisser. «Um Verrat zu verhindern, töteten die Freiwilligen eine Anzahl von Leuten außerhalb der Kämpfe ohne jedes Gerichtsverfahren; eine Amnestie, die am 30. Juni 1921 für Oberschlesien erlassen wurde, machte auch unter diese Vorkommnisse einen Strich.» Und: «Auf Grund der oberschlesischen Vorfälle bildete sich nun bei einer Anzahl von Offizieren, Unteroffizieren und Gemeinen der Reservetruppen die Auffassung, daß Verräter im Interesse des Reiches beseitigt werden müßten; denn die vorgesetzten Behörden hätten kein Mittel, um die Verräter unschädlich zu machen ... Man übte also Selbstjustiz, die man grundsätzlich vor den eigenen Vorgesetzten geheimhielt. Von solchen Gedanken beherrscht, haben Angehörige der Reservetruppen eine Anzahl von Leuten erschlagen, um Verrat zu verhüten ...»[54] Der diese Sätze geschrieben hat – in einem späteren Rechenschaftsbericht – ist der Major Ernst Buchrucker, jener Mann, der Horváth Modell gestanden hat für den wahnwitzigen Hauptmann im *Sladek*; Buchrucker hatte im Jahre 1923 einen Handstreich aufs Berliner Regierungsviertel geplant und sich, als die Pläne scheiterten, in der Festung Küstrin zu verschanzen gesucht. Dort wurde er übrigens keineswegs «zusammengeschossen»[55], sondern er ergab sich kläglich nach wenigen Stunden.

*Kurt R. Großmann
in späteren Jahren*

Das Stück ist in zwei Fassungen erhalten; die erste ausführlichere ist 1928 als Bühnenmanuskript erschienen. Sie enthält gegenüber der späteren Fassung (die den von den Rechten als grammatisch unkorrekt verspotteten Titel trug *Sladek, der schwarze Reichswehrmann*) eine ausführliche Darstellung jener Tribunale, die 1927 wegen der Feme-Morde stattfanden, aber vor allem jenes Prozesses, der Ende 1927 den Journalisten der «Weltbühne» gemacht wurde, weil sie die Feme-Morde publik gemacht hatten. Kurt R. Großmann berichtet darüber: «Ich wohnte der Verhandlung bei, die am 16. Dezember 1927 vor dem Schöffengericht in Berlin-Charlottenburg stattfand. Der Vorsitzende war Landgerichtsdirektor D. Crohne. Er war sozusagen Richter und Staatsanwalt in einer Person. Er ließ wichtige Beweisanträge der Verteidigung nicht zu, und oft mußte Ossietzky für einige Stunden verstummen. Er schien zu resignieren. Dann aber warf er seine Argumente plötzlich in den Gerichtssaal, und die als Zeugen aufgetretenen Generale, Obersten und Hauptleute wurden sehr bescheiden. Ossietzky, der Angeklagte, war zum Ankläger geworden, die Zeugen zum Angeklagten . . .»[56]

Daß in der zweiten Fassung die Prozeß-Szenen fehlen erklärt sich offenbar einmal aus dem größeren zeitlichen (oder emotionalen) Abstand, zum andern wohl auch aus der dramaturgischen Einsicht, daß Protokoll-

Dramatik nicht bühnengerecht ist. Dennoch enthält der erste Versuch nicht nur mehr Farbe und Material: er ist auch provokativer, lebendiger. Und der berichtende (und sein Leben aufs Spiel setzende) Journalist heißt noch so, wie ein Neu-Berliner versucht sein mag, ihn zu nennen: Franz. In der späteren Fassung wird er dann Schminke heißen. Ein Name, der bei Horváth in den folgenden Jahren immer wieder vorkommt; der aber in diesem Stück noch keineswegs denunziatorischen Beiklang hat, sondern wiederum Bezug zum damals aktuellen (und pazifistischen) Berlin: Ossietzky erwähnt in seinem Aufsatz «Der Areopag» den «kommunistischen Stadt a r z t von Neukölln, Doktor Schmincke, einen freien und humorvollen Menschenfreund, dessen Bekanntschaft lohnt»[57].

Es ist die zweite, die knappere Fassung, die dann am 13. Oktober 1929 von der Aktuellen Bühne des Berliner Lessing-Theaters mit Otto Matthies als Sladek und Fritz Ritter als Schminke vorgestellt wird. Von einer Uraufführung zu sprechen ist allerdings eher grotesk, und es ist ein Irrtum, zu denken, mit dieser Premiere sei Horváth nun in Berlin präsent geworden. Es blieb bei dieser einen Vormittagsveranstaltung. Keineswegs war Horváth damit in ein offizielles Berlin-Repertoire aufgenommen, sondern er genoß zwei Stunden lang die Rand-Aktivität der jüngeren Leute des Lessing-Theaters. Otto Matthies, der Sladek jener Vorstellung, hat berichtet, wie zwar besessen, doch auch beiläufig, wie gänzlich ohne die Hilfe des großen Apparates und allein befördert vom Interesse der Mitmachenden diese und ähnliche andere Produktionen vor sich gingen.[58] Also: Horváth wurde nicht wirklich gespielt, er wurde ausprobiert. Immerhin kamen die großen Kritiker. Alfred Kerr war hellhörig: «Propagandastück mit Kunst? Manchmal. Zwischendurch die Spuren eines Dichters.»[59] Herbert Jhering, auf Brecht schwörend und eingeschworen, notierte absagend: «Ein törichtes Stück ... ein Zeitrichter ist Herr Horváth nicht.»[60] Aber den rechten Rezensenten ging die Darbietung doch wohl unter die Haut; das «Berliner Abendblatt» schrieb entrüstet: «Bitte nur so fortfahren, meine Herren und Damen von der kommunistischen Avantgarde, und ihr werdet bald eure Reihen betrüblich gelichtet sehen ... ein Dichter hätte aus einer solchen Figur eine tragische Erscheinung formen können. Aber der ehemalige Graf Ödön von Horváth, jetzt eine Zierde des deutschen Kommunistenlagers, macht daraus nur ein lächerliches Bürschlein und einen fadenscheinigen Schwätzer, dem kein Tropfen Blut durch die Adern fließt. Also, bitte nur so fortzufahren, meine Herrschaften ...»[61]

Aber die Herrschaften, die den Ton angaben, waren zunehmend die, die ihn so wie dieser Rezensent angaben. Horváth war sich dessen bewußt, gerade in den frühen Berliner Jahren, als der Umgang mit Großmann, die (zu vermutende, wie auch immer distanzierte) Bekanntschaft mit Ossietzky ihn politisiert, nicht marxistisch, nicht kommunistisch, aber doch als Anwalt linker Minderheiten. Davon zeugt noch ein dritter Stoff aus eben diesen Jahren: Es sind Fragmente zu einem Stück, das ohne Titel geblieben (und in der Ausgabe der *Gesammelten Werke* unter der Überschrift «Der Fall E.» abgedruckt) ist. Immerhin verraten die Ansätze (auch wo sie sich überlappen oder verschränken oder korrigieren) so viel von einem Gang der Handlung, daß man dieses Werk unter den

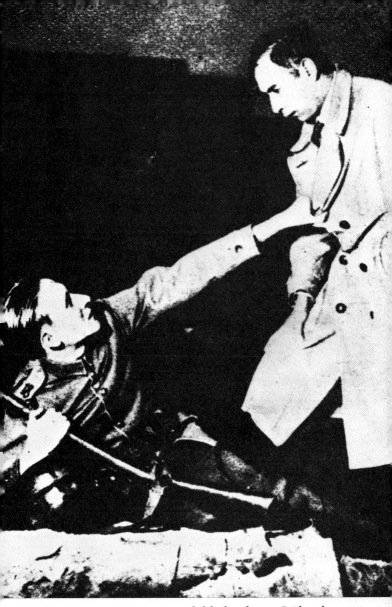

Szene aus «Sladek, der schwarze Reichswehrmann».
Uraufführung im Lessing-Theater, Berlin, am 13. Oktober 1929
mit Otto Matthies (Sladek) und Fritz Ritter (Schminke)

«Stücken» dieser Zeit nennen und wichtig nehmen und für eine Erprobung auf der heutigen offenen Szene durchaus empfehlen muß. Dies auch deshalb, weil diese Geschichte einer keineswegs ganz unerfahrenen Lehrerin, die mit den Kommunisten sympathisiert und deshalb aus dem Schuldienst fliegt, die aber dann auch noch seelisch und nervlich fertiggemacht wird, von einer schon beinah kabarettistischen Aktualität ist: so als habe Franz Xaver Kroetz zusammen mit Alexander Kluge eine Szenenfolge gegen den Radikalenerlaß geschrieben. Die Szenen sind vermutlich parallel mit den beiden *Sladek*-Fassungen geschrieben. Dafür spricht, daß auch hier, in den verschiedenen Fassungen, der Name des Redakteurs wieder in Schminke umbenannt wird. Ferner scheint die Geschichte in Zusammenhang zu stehen mit der konservativen Schulpolitik des damaligen Reichskanzlers Marx und seines Kultusministers von Keudell, der im Herbst 1927 vor dem Reichstag erklärt hatte: «Die rechte Entwicklung eines Menschen ist nur möglich, wenn sie zurückgeht auf die Quellen des Ewigen. Dieser Grundgedanke hat die Regierung bei ihrem Entwurf geleitet ... Das Volk hat einen Anspruch auf ein erneutes Bekenntnis seiner Regierung zu den Grundgedanken der christlichen Kultur. Wahre Freiheit besteht nur da, wo der Mensch gebunden ist an Gott.»[62] Es wirkt gewissermaßen wie eine kindische Paraphrase dieser Rede, wenn wir den Hauptlehrer sagen hören: *Die Kirche ist eine Hauptstütze der heutigen Ordnung, ohne lieben Gott kommen wir ja nicht aus, wir brauchen unbedingt einen lieben Gott ...*[63] Die Lehrerin Ella Waldt hat sich nichts zu schulden kommen lassen als dies: sie ist aus der Kirche ausgetreten und bekennt sich in ihrem Tagebuch zum Kommunismus. Sie hat eine Freundin, die Kommunistin ist und lernt durch sie (beiläufig) einen kommunistischen Landtagsabgeordneten kennen. *Ja, ich gehöre innerlich dem Kommunismus, das ist meine Religion.* Und als der Schulrat ihr entgegenhält (und auch das ist beinah ein Text aus dem Jahre 1975): *Ich achte jede Überzeugung, aber Sie müssen es doch einsehen, daß sich der Staat gegen derartige Beamte wehren muß – der Staat kann eben nicht von so jemand seine Kinder erziehen lassen –* fährt Ella zu argumentieren fort: *In der Verfassung steht, daß die Meinungsfreiheit gewährleistet ist. Ich glaub nicht an Gott, ich glaub nicht an den Gekreuzigten, es gibt heut eine Macht, die gegen die Religion richtig vorgeht, das ist Rußland. Es ist die größte Tat der Welt, das kühnste Experiment. –* Da erweist sich eine ideologische oder Temperamentsverwandtschaft zum Simon aus der *Bergbahn*, wenn er sagt: *Es gibt bereits welche, die mehr sprengen, als a Bergbahn braucht samt Hotel mit Bad und Billard! Die sprengen die ganzn Paläst und Museen, alles, von dem der arbeitende Bürger nix hat! Die Moskowiter, sag i euch, hint im riesigen Rußland, die habn alles anbohrt, auch an härtestn Marmor, Pulver neigsteckt und angsteckt! Piff! Paff!*[64] Ella aber ist weniger radikal: *Ich bin aber treu meinen Pflichten nachgegangen und habe die Kinder richtig unterrichtet.* Die Verfolger aber, einschließlich des eigenen bigotten Vaters, treiben sie in die Verzweiflung, in den Wahnsinn, in die Irrenanstalt, wo sie stirbt, und wo auf den Besuchsantrag des Abgeordneten der Leiter erwidert: *Nein, es ist nicht möglich. Sie ist bereits seziert. Sie hat gut gegessen bis zum Schluß! Abgeordneter: Ich höre, daß sie künstlich ernährt worden ist.*

Bei aller «Politik» der Vorgänge hat dieses Fragment etwas von der spukhaften Überzeichnung Groszscher Köpfe, wie in einem Abnormitätenkabinett tauchen diese Figuren auf aus dem Arsenal der Unverbesserlichkeit: der beflissene, aber umkippende Redakteur, der wohlmeinende, aber halt auch nur seine Pflicht tuende Schulrat, die deutschnationale Lehrerin, ein mörderisch feig-verblendeter Vater. Ins Politische gewendet könnte die Moral wieder heißen wie in der *Mohrengasse: Du, ich hab solch Angst: um das, das kommen wird.*

Aber Horváths Berliner Zeit war keineswegs eine dauernde Zeit in Berlin; die Flucht aus der Stille war eine mit zahlreichen Retouren; nie, auch später nicht, hatte Horváth in Berlin das, was man einen festen Wohnsitz nennt; seine Quartiere waren kleine Pensionen, meist in der Gegend um den Nollendorf-Platz, wo die Artisten, die Varieté-Künstler wohnten, die an der Scala oder in anderen Etablissements auftraten. Horváth tauchte immer wieder auf, blieb ein paar Wochen, selten länger, und war dann wieder auf der Flucht vor dem Lärm, dem Betrieb, dem Rummel. Sein Refugium war Murnau, wo die Eltern ihr Landhaus hatten. Der Vater bewohnte für gewöhnlich die elegante Stadtwohnung in München, ein souveräner, jovialer, eleganter Herr, an dem die Söhne hingen. Murnau dagegen war das Reich der Mutter, einer stattlichen Frau, von der gesagt weden kann, daß sie das Haus dort nicht nur führte, sondern auch beherrschte. So groß dieses Haus war – Freunde, die ihn in Murnau besuchten, brachte Horváth lieber im Hotel oder in einer Pension unter.[65]

Eine solche Herberge hat Horváth denn auch Modell gestanden für seine erste Komödie, die im Jahre 1926 entstand (aber erst 1969, am Schauspielhaus in Graz, ihre Uraufführung erlebte): *Zur schönen Aussicht.* «In einer windigen Pension in Murnau»[66], so hat Horváths Bruder Lajos sich erinnert, habe Horváth die Anregung zu diesem Stück bekommen; und wenn er es eine «Schlüsselkomödie» nennt, so hat dieser Begriff, im Hinblick auf den dritten Akt, wo vier Männer um das Zimmer des Mädchens Christine herumtaktieren, auch fast wieder etwas ganz Konkretes. Murnau, so muß man nun aber sagen, ist keineswegs, wie der Brockhaus aus dem Entstehungsjahr der Komödie definiert, nur ein «Marktflecken in Oberbayern, am Nordrand der Alpen, am Staffelsee», also kein stilles, ländliches Refugium, sondern Murnau ist in den zwanziger Jahren eine Art Geheimtip, ein Stillhaltepunkt für verkrachte Existenzen, eine Sommerfrische für Leute, die aus nicht ganz durchsichtigen Gründen überwintern müssen, eine Tauchstation mit Gebirgspanorama. Ganoven aus dem Rheinland spielen hier, bis zu ihrer Entlarvung, Biedermänner. Eine überkandidelte Halbwelt mimt hier Idylle.

Nur wenn man das sich vorstellt, wenn man also Murnau nicht als Architektur gewordene Ländlich-Sittlichkeit vor sich sieht, kann man das sarkastische Klima dieser Komödie und den eisigen Zynismus des Titels *Zur schönen Aussicht* ermessen. Besser: Erst dann wird man die Figuren nicht als Karikaturen, sondern als bös-realistische Lebe-Welt ansehen. Es ist denn auch sicher kein Zufall, daß unter allen hintangestellten Stücken Horváths, unter denen als «mineurs» angesehenen, diese Komödie in den letzten fünf Jahren seit der Grazer Uraufführung die

Das Haus der Familie Horváth in Murnau

schnellste und größte Rezeptions-Explosion erfahren hat. (Ein häßliches junges Entlein, das zum Schwan geworden ist.) Die Fabel, freilich, erklärt das nicht: diese Story von der Rückkehr des Mädchens Christine in das schäbige Hotel, wo sie ein Jahr zuvor vierzehn Tage Urlaub gemacht, sich mit dem nicht mehr taufrischen und verschuldeten Besitzer eingelassen hat (das Kind ließ nur neun Monate auf sich warten), von der Rückkehr in eine böse Gesellschaft, die sie wahrhaft rausekeln will als eine arme, lästige Person, indem man ihr als einer Prostituierten mitspielt, vor der man sich aber dann alsbald selber prostituiert, als sie sagt:

Im Herbst wurde ich abgebaut und ich hätte noch gestern nicht einmal das Fahrgeld nach hierher gehabt und wär noch gestern vielleicht gar ins Wasser gegangen, hätte mir nicht der liebe Gott geholfen, und auf die Frage, was sie unter «lieber Gott» verstehe: *Zehntausend Mark. – Ich habe dir erzählt, daß ich eine Doppelwaise bin. Mein Vater fiel bei Verdun, und meine Mutter starb in der Inflation. Aber ich hatte eine Tante in St. Gallen, die hinterließ mir zehntausend Mark, zahlbar, wenn ich volljährig – Ich bin am 14. März geboren. Also wurde ich gestern einundzwanzig Jahre alt.*[67]

Nein, diese Fabel vom Mädchen mit den Sterntalern ist es nicht, was

Murnau, 1925

die Komödie so aktuell gemacht hat. Sondern es ist das Abnormitätenkabinett alltäglicher Figuren, diese Gruppierung vorfaschistischer Personen. Da ist Karl, der wegen Totschlags vorbestraft ist, weil er in Portugal, offenbar in einer kolonialen Laune, einen Mann umgebracht hat. Im geständnisfreudigen dritten Akt bekennt er: *Fräulein. Es ist gut. Ich bin ein Zuchthäusler. Ich saß sechs Jahr, weil ich einen erschlagen habe. Nicht Mord. Totschlag. Aber es wurden mir keine mildernden Umstände zugebilligt, das heißt: nur ganz geringe, und die zählen kaum vor Gericht und sind doch sehr ausschlaggebend ... Es gibt ja nichts, was einem nicht zustoßen könnte. Man kann sich auch selbst erschlagen, und doch umhergehen, Fräulein, und dastehen: in Galauniform.*[68]

Daß die ganze Gruppe auch noch in Auto-Schiebereien verwickelt war, spielt nur am Rande eine Rolle, spricht auch wohl für Horváths Auto-Tick; daß aber der zwielichtige Hotelbesitzer Strasser heißt und immer wieder mit seinem Namen laut gerufen wird, durfte als politische Anspielung auf Otto Strasser zumindest mitgemeint sein. Und ganz sicher führt Horváth mit Herrn Müller einen jener Unverbesserlichen vor, die dem Faschismus direkt in die Arme laufen, wenn sie nicht schon einer seiner Arme sind. *Müßigkeit ist aller Laster Anfang*, verkündet er stolz. *Ordnung fehlt! Und Zucht. Und der starke Mann! – Seinerzeit, da haben es doch die Weiber am tollsten getrieben! Aber ich gab kein Pardon. Ich nicht! Hohe, ich habe selbst drei dieser Furien niedergeschossen ... Nach dem Kriege!* Und er sagt dies: *Man könnte doch ruhig einige Millionen Menschen vernichten! Wir haben ja Überbevölkerung, nicht? ... Wir brauchen einen neuen Krieg. Und Kolonien!*[69]

Christine rettet sich aus dem Milieu, aus der Geldgierigkeit und -schmierigkeit der Männer mit dem Frühzug 5 Uhr 07. Sie ist die erste und die letzte der Horváthschen Frauen, der die Emanzipation gelingt.

Von Geld ist die Rede, von wem noch?

Extrakte des Lebens . . .

. . . nannte er seine schriftstellerischen Werke, und das waren keine Romane, sondern vor allem Prosaskizzen und kulturkritische Aphorismen. Er hieß Richard Engländer und war Österreicher, ein echter Wiener, geboren und gestorben dortselbst. Bis heute bekannt ist er allerdings nur unter seinem Pseudonym.

Er studierte Jura und Medizin, war auch mal Buchhändler, in der Hauptsache aber Bohemien und Literat. Und als Bohemien darf man natürlich kein Geld haben. Richard Engländer, der ein Vermögen von sechsstelliger Größe auf der Bank liegen hatte, förderte deshalb sein Image als Bohemien durch Schnorren, durch ewiges Anpumpen seiner Freunde und Bekannten. Eine Anekdote berichtet, daß er einmal einen bekannten Literaturkritiker beharrlich um zehn Kronen anbettelte. Als dieser nach längerem Hin und Her beteuerte, er könnte nichts geben und wäre froh, er hätte selbst zehn Kronen, erklärte der bettelnde Literat wie selbstverständlich: «Na, dann borg ich's dir.»

Anspruch auf große Literatur erhob er nie. «Ist's mit Geschmack gemacht, lebt es auch ohne Idee», schrieb er in einem Sketch für das Eröffnungsprogramm des Wiener Cabarets «Fledermaus» im Jahre 1907. Der kahlköpfige, nietzschebärtige Kaffeehausliterat starb kurz vor Vollendung seines 60. Lebensjahrs. Wenige Monate zuvor war seine «Vita ipsa» erschienen. Von wem war die Rede?

(Alphabetische Lösung: 1–12–20–5–14–2–5–18–7)

EXKURS: ZUR GENEALOGIE DES «FRÄULEINS»

Charakteristisch für Horváths Arbeitsweise ist die Treue gegenüber gewissen Motiven, ist die Wiederkehr bestimmter Situationen, ist die Vorliebe für gefährdete Existenzen, ist zumal die Sympathie für eine besondere Figur: die des «Fräuleins». Das Fräulein ist bei Horváth eine stehende, wiewohl beinah immer fallende Figur; es ist die Gestalt, der er, fast zehn Jahre lang, seine ganze Aufmerksamkeit, um nicht zu sagen Barmherzigkeit zuwendet, es ist das Opfer, das hellhörig immerhin merkt: *... die Herren hatten ja auch nichts zu sagen*[70]; es ist die Vertreterin eines Geschlechts, das bei Horváth wirklich als das schwache geschildert wird und von dem der Havlitschek (in den *Geschichten*) einmal sagen wird: *Die Weiber haben keine Seele, das ist nur äußerliches Fleisch.*[71] Das Fräulein ist die weibliche Vertreterin in jener Auseinandersetzung, die bei Horváth unmittelbar an die Stelle des Klassenkampfes tritt: der Kampf der Geschlechter. Sie wollen wissen, ob sich das Fräulein wirklich bekehrt hat?[72] Die Intensität der Frauen der Volksstücke, die geradezu verzweifelte Lebendigkeit der Anna und der Adele (in *Italienische Nacht*), der Karoline (*Kasimir und Karoline*), der Marianne (*Geschichten*) und der Elisabeth (*Glaube Liebe Hoffnung*) sind wahrhaft gewachsen aus den (uns) dauernden Schicksalen der Fräulein-Figuren.

Bezeichnend ist die kurze Erzählung mit dem Titel *Das Fräulein wird bekehrt*[73]. Die Geschichte macht zunächst einen sozialkritischen, politischen Schlenker, denn der Herr Reithofer, dem das Fräulein begegnet, *war durchaus Marxist, gehörte aber keiner Partei an, teils wegen Noske, teils aus Pazifismus ... Er sehnte sich nach Moskau ... Und dann sagte er dem Fräulein, daß er für die Befreiung der Arbeit kämpft.* Doch das Fräulein kann mit diesen Eröffnungen wenig anfangen; und wenn sie ein Klassenbewußtsein hat, so ein falsches: *Aber das Fräulein zählte sich nicht zum Proletariat, weil ihre Eltern mal zugrunde gegangen sind ... Sie leugnete jede Solidarität und beteiligte sich an keiner Betriebsratswahl.*[74] Am Ende wird das Thema der sozialen Ungleichheit verwandelt in das der biologischen; ja, sogar die Metaphysik kommt ins Spiel. Denn das Fräulein, das der Herr Reithofer politisch zu bekehren versucht und zur Liebe verführt hat, bekommt Angst vor einem Kind und denkt an die biblische Maria, die *eben Protektion gehabt* und unbefleckt empfangen habe. Und mit psychologischer Folgerichtigkeit dehnt sich das Bewußtsein, in jedem Betracht benachteiligt zu sein, aus in die Stimmung: *... eigentlich sei alles ungerecht, jeder Mensch, jedes Ding. Sicher sei auch der Stuhl ungerecht, der Schrank, der Tisch, das Fenster, der Hut, der Mantel, die Lampe. Vielleicht sei auch der Reithofer ungerecht.*[75]

Das Fräulein, das bekehrt wird, ist eine Vorläuferin jener Anna Pollinger, die im dritten Teil des Romans *Der ewige Spießer*[76] wiederum den Herrn Reithofer trifft, in derselben Verfassung nahezu, die soeben herbeizitiert worden ist: *... die Natur verlangte ihr Recht. Sie hatte nämlich nichts zu essen. – Die Natur ist eine grausame Herrin und gab ihr kein Pardon. Und so fing sie bereits an, nur an das Böse in der Welt zu glauben ...* Wiederum kommt der Herr Reithofer auf Soziales, auf die

49

Szene aus «Zur schönen Aussicht» mit Lola Müthel

anarchischen *Produktionsverhältnisse* zu sprechen, und zu guter Letzt erweist er sich als Wohltäter, verschafft ihr, die stellungslos ist, einen Posten in einem Schneiderei-Betrieb in Neu-Ulm. Vorher aber hat er mit ihr eine große Enttäuschung erlebt, als er seine Gratis-Lust zurückgewiesen sieht: «*Weil das was kostet.*» – «*Also eine Solche bist du*», sagt er. Sie ist eine Solche. Diese Anna Pollinger hat schon die Liebe als Geschäft gelernt, im Kapitel vorher, mit Harry: *Das war auf einer Lichtung, da sie zum erstenmal Geld dafür nahm. Droben standen die Sterne, und ringsum lag schwarz und tief der Wald. Sie nahm das Geld... Es war ein Fünfmarkstück, und dann hatte sie keine Gefühle dabei, als wäre sie schon tot.* Aber es gab schon das Fräulein, mit weniger Skrupeln, im *Sladek,* das eine Milliarde Inflationsmark kassiert fürs Ausziehen und dann, als sie's nicht ganz tut und von Sladek bedrängt wird, den «Betrug» umkehrt in die furiose Anklage: *Ich bin doch kein Hund! Ich bin ein Mensch, Sie. Hinaus. Zurück oder ich schrei, du Lump, du Dieb. Hier wird nicht gehaßt, hier wird geliebt!* [77] Fast allen Fräuleins ist die Angst vor einem Kind gemeinsam, so auch im *Märchen vom Fräulein Pollinger,* in einer ganz kurzen, verschlossenen, ja beinah brüsken Erzählung; Anna Pollinger, die sich schwanger glaubt, wird von ihrem Verehrer zu einer strapaziösen Bergtour animiert; die Anstrengung soll als Abtreibung wirken. *Seit dieser Bergtour hatte sie oft eine kränkliche Farbe. Sie wurde auch nie wieder ganz gesund und ab und zu tat ihrs im Unterleib schon sehr verrückt weh. Aber sie trug das keinem Herrn nach, sie war eben eine starke Natur. Es gibt so Leut, die man nicht umbringen kann.* [78]

Wichtige Motive der «Fräulein»-Thematik tauchen schon in den ersten (unveröffentlichten) Arbeiten des jungen Horváth auf. Das Mädchen im *Epilog* ist die früheste Repräsentantin der späteren Fräuleins; auch für sie ist die Liebe zur Katastrophe geworden, sie ist schwanger und weiß keinen Ausweg. *Ich baute auf dich und habe mich gewehrt und doch bin ich durch den Schlamm gezogen worden... Seitdem ich sah, daß heiligstes Glück zu widerwärtigstem Unglücke werden muß, vergaß ich das Hoffen. Und denke an das Kind und frage dich über seine Zukunft. Meine Mutter haßt es schon in mir...* Wie sehr auch beim frühen Horváth das Fräulein schon zur Chiffre für ein Schicksal geworden ist, für eine Märtyrerschaft in einer Männerwelt – von der übrigens auch das *Buch der Tänze* zeugt –, erweist sich beinah verblüffend in dem frühen Drama *Mord in der Mohrengasse.* In dem schon einmal zitierten Schloß (s. S. 32) fällt plötzlich Frau Klamuschke aus ihrer Mutterrolle: *Will keine Kinder, bin keine Mutter. Will frei sein! Werf Euch ab! Ilse, nimm den Finger aus der Nase! Und – wenn er, dieser Klamuschke, kommt, so sagt ihm, ich, d a s F r ä u l e i n, bin bereits im Unterholz und will in den windstillen Wald...* [79]

Oh, warum bin ich nicht tot. Ich möchte so gerne nicht mehr sein. Das sagt ein anderes Fräulein, aus dem Stückentwurf *Das (ein) Fräulein wird verkauft* [80]. Sie betritt ein Mietshaus, um aus dem Fenster zu springen, bricht aber schon auf der Treppe, vor Erschöpfung, zusammen. Sie wird lebendig, aktiv, als sie jemanden von einer Stellung reden hört. *Habe ich das jetzt geträumt, daß Sie mir eine Stelle verschaffen können?* Sie hat nicht geträumt. Es ist aber nicht der Herr Reithofer, der ihr eine solide Schneiderinnen-Position in Neu-Ulm vermittelt. Es ist Freddy. Freddy denkt an Mädchenhandel. Ein Fräulein soll auch in der Posse *Rund um den Kongreß* verkauft werden. Wieder gibt es einen Journalisten namens Schminke, und Luise Gift teilt ihm mit: *Oh, bitte, Herr! Nach Südamerika wird ein Fräulein verkauft!,* worauf er, von Horváth in die zynischere Spielart des Journalismus hinabgetrieben, sagt: *Ich muß Ihnen leider sagen, daß ich mich für Einzelfälle nicht interessiere. Prinzipiell nicht... Ein derartiges Eingehen auf Einzelschicksale wäre lediglich zwecklose Zersplitterung.* [81] Horváth wollte mit diesem Stück offenbar wiederum einen aktuellen Vorgang glossieren; der Berliner «Film-Kurier» vom 12. Oktober 1929 berichtet: «Posse möchte er es nennen; denn es behandelt die Farce der Völkerbundkommission, die den Mädchenhandel erforschen sollte und dafür weiter nichts getan hat als – die Mädchenhändler um ihre Methoden zu befragen.»[82] Dem entsprechen denn auch die Tiraden des Generalsekretärs im *Kongreß*: *... ich spreche lediglich im Namen der zivilisierten Nationen. Der Kongreß hat soeben beschlossen, Damen und Herren aus dem Personenkreis der Prostitution über die Prostitution zu befragen, um die Prostitution wirklich bekämpfen zu können. Im Namen des Kongresses fordere ich Sie auf, an der Verwirklichung unserer hohen Ideale mitzuarbeiten.*

Und vor dem Kongreß skizziert Horváth, aus dem Munde des Fräuleins, deren Leben, das stellvertretend auch für die Fräulein-Figuren stehen kann: *Als ich acht Jahr alt war, starb mein Vater, während meine Mutter noch lebt. Aber wir wollen nichts voneinander wissen, denn sie hat meinen Vater nicht ausstehen können. Ich habe sehr bald verdienen müssen, weil nichts da war, aber die ersten Jahre hat es mir nirgends gefallen, weil ich boshaft behandelt worden bin. Ich lernte nähen ... Ich wollte mich schon mal umbringen, aber dann hab ich mir gedacht, ich verkauf mich doch lieber ... Ich war mal verheiratet ... Mein Mann war sehr moralisch. Er hatte ein Zigarettengeschäft und ließ sich scheiden, weil ich mal mit einem fremden Herrn zu einer Gartenunterhaltung ging. Mein Mann hieß Ferdinand.*[83] Und längst spielt Ferdinand in der Posse mit, und zum Happy-End sinken sich beide unter den Klängen eines Hochzeitsmarsches in die Arme. Horváth hat hier eine seiner schönsten Gestalten selbst, und weit unter Preis, verkauft.

SCHNAPPSCHUSS

Wie steht so einer da, der über Nacht aufgetaucht ist in Berlin, aus Bayern, aus der Anonymität, aus den beschwerlichen Bemühungen, in einer großen Stadt Fuß zu fassen? Wie sieht so einer aus? Groß, massig, nicht ohne Eleganz – so zeigen ihn die Fotos am Ende der zwanziger Jahre. Das Gesicht mit vielen Nuancen zwischen einer etwas mehligen Attraktivität und einer sanft drohenden Leidenschaftlichkeit, ein leises, aber dauerhaftes Lächeln, Augen, die noch auf den Bildern beträchtliche Ausstrahlung haben, den Draufgang dessen, der Draufgängerei nicht nötig hat, Augenwinkel mit einer von Staunen eingeschmolzenen Ironie. «Er liebte die Menschen nicht, er sah sie»[84], so erinnert sich Grete Fischer, die ihn als Lektorin im Propyläen-Verlag kennenlernte. «So hab ich ein Bild von Ödön von Horváth: seinen großen Kopf mit den hellen Augen über dunklen Tränensäcken, voll von einer überempfindsamen Trauer, in einem unbewegten Gesicht – während er lächerliche Sachen sagte. ‹Ich bin Bayer›, sagte er, ‹die Eltern haben ein Gütchen in Murnau. Der Bayer, das is a Kreuzung zwischen an Aff und an Tiroler.›»

«Ein amorphes Stück Natur; vulgär wie ein Noch-nicht-Literat, souverän wie ein Nicht-mehr-Literat, aus Elementarem und Dilettantischem gemengt. So könnte die Rohschrift eines großen satirischen Erzählers aussehen; aber auch die Reinschrift eines genialen Abenteurers, der sich für einen Schriftsteller ausgibt.»[85] Zwar zielt die Äußerung Anton Kuhs auf das Werk; aber sie mag auch für die äußere Erscheinung Horváths gelten.

Den Zug von Jungenhaftigkeit bestätigt auch Heinz Ullstein: «... sprach ich oft mit ihm über seine Stücke, und er hatte dabei eine ganz naive Freude, und ich hatte oft das Gefühl, als spräche ich mit einem Kind über sein Spielzeug.»[86] Als «immer freundlich, gefällig und heiter» beschreibt ihn auch die Schauspielerin Hertha Pauli. «Es schien mir unmöglich, ihm etwas übelzunehmen.»[87]

Und sein Freund Hans («Hanselach») Geiringer sah ihn so: «Ödön von Horváth haßte neue Kleider, Bügelfalten, Smoking, Westen und steife Krägen, und doch war er immer elegant. Ebenso haßte er große Cafés, Bars und Tanzlokale und war darum noch kein Spießbürger. Er liebte die Beiserln, die kleinen Cafés und Wirtshäuser. Vor vielen Jahren war z. B. eine kleine Fischbackstube in Berlin unser Stammlokal. In München waren es die kleinen Weinstuben des alten Schwabings, wo wir unsere Probleme wälzten ... Seine Liebe zu den kleinen Lokalen offenbarte sich auch einmal in einer recht seltsamen Weise. Es war im Fasching in München: Dienstbotenball im Deutschen Theater. Adrette, niedliche Kammerzöfchen, elegante Köche, geschniegelte Kammerdiener, blitzsaubere Wäschermadl füllten die Räume. Da erschien ein verschmierter, unrasierter Mann mit einer schmutzigen Portiermütze auf dem Kopf: Ödön von Horváth (der sonst so peinlich saubere), als Nachtportier eines obskuren Vorstadthotels ...»[88]

Von der Lust Horváths an Alltagsrollen berichtet auch der Berliner Journalist P. A. Otte, der um 1930 mit Horváth befreundet war. So habe sich Horváth mit Vorliebe als Staubsaugervertreter ausgegeben (was

Murnau, Oktober 1929

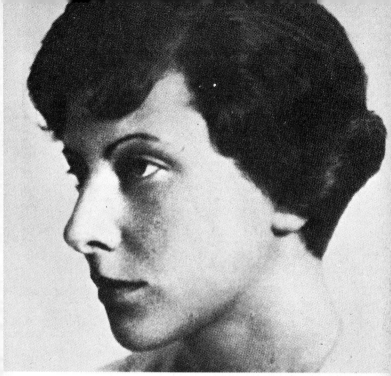

Die Schauspielerin Hertha Pauli

damals noch ein beinah avantgardistischer Beruf war), oder aber als Besitzer einer Tischlerwerkstatt für Särge. Von Otte stammt auch dieser höchst einleuchtende Bericht: «Eines Abends stand er mitten unter uns. Ein baumlanger Bursche, anzuschauen wie ein leiblicher Sohn des baumstarken Theodor Däubler... Bald stand es fest: dieser melancholische Ungar brauchte sich nicht auf die Suche nach Abenteuer zu machen, es heftete sich ihm auf Schritt und Tritt an die Fersen... Kellner, Garderobenfrauen, Gastwirte, Straßenhändler, Fischerweiber, Polizisten, kurz: das ‹kleine Volk›, es fühlte sich magisch angezogen von Ödön Horváth und schenkte ihm in einem Fünf-Minuten-Schwatz sofort das ganze Herz.»[89] Und das Geheimnis dieser Anziehungskraft sei dies gewesen: «Horváth war ein märchenhafter Zuhörer.»[90]

Absender:

Wohnort: _____

Straße, Hausnummer,
Gebäudeteil, Stockwerk

ihrer norddeutschen Mundart gründlich
nachspüren, ob sie durch die Grippe
vielleicht, nicht verschärft worden ist,
denn bei der heutigen Kriegsstim-
mung könnten Sie leicht als Spion
gelten, der ~~Chef~~ nach geheimen
Akten über Abmachungen zwischen Ober-
und Niederbayern für ~~den~~ irgendein
„Urrecht der Tageblatt", stöbert! —

Sie — Sie herzlichst grüßt
— Ihr Otto Horst R.

Murnau

(Ober-Bayern)

Bahnhofstr. 76a

Postkarte)

Herrn

P. A. Otte

in Berlin – Wilmersdorf

Südwestkorso 47

Straße, Hausnummer,
Gebäudeteil, Stockwerk

Postkarte an P. A. Otte

Und dann, um 1930, wird Horváth auf einmal von Berlin entdeckt. Wie solch eine Entdeckung vor sich ging hat besonders eindrucksvoll Ernst Josef Aufricht, einer der unternehmendsten privaten Theaterdirektoren dieser Zeit, beschrieben: «An einem Tisch in dem langgestreckten Nachtlokal Schwannecke saß ein großer dicklicher, jungenhafter Mann mit schönen braunen Augen und fixierte mich jedesmal, wenn ich vorbeiging. Er hatte eine Rolle schreibmaschinengeschriebener Blätter in der Hand. Ich blieb stehen: ‹Wollen Sie mir etwas sagen?› – ‹Ja! Ich habe ein Stück geschrieben: Italienische Nacht! Eine aktuelle politische Komödie. Vielleicht gefällt sie Ihnen.› Ich nahm die Papierrolle an mich und notierte seinen Namen, Ödön Horváth, und seine Telefonnummer. Ich fing nachts an zu lesen und las das ganze Stück zu Ende. Ich bat ihn am nächsten Morgen in mein Theater und machte mit ihm einen Vertrag, seine Komödie sofort zu spielen … Wir begannen sofort mit den Proben …»[91] Während die andauern, müssen wir noch einmal zurück ins Jahr 1929.

Weniger spektakulär hatte sich damals Horváths «Entdeckung» durch den Ullstein-Verlag vollzogen. Die Lektorin Grete Fischer berichtete: «Revolte auf Cote 3018, die Geschichte eines Bergbahnbaus, war schon erschienen, als er zu Ullstein kam. Wir brachten damals die jungen neuen Autoren, auf die man Hoffnung setzte, Brecht, Zuckmayer.»[92] Und weiter: «Horváth pflegte nach einem Pflichtbesuch in der Theaterabteilung, die der höflich elegante Dr. Sulzbach leitete, zu einem Schwatz zu uns zu kommen und uns unerschöpflich Geschichten zu erzählen. Mit einem von Gelbsucht fast schwarzen Gesicht berichtete er: ‹Magen verdorben. Hätt das gefrorene Bier nicht saufe sollen.› – ‹Gefrorenes Bier?› – ‹Beim Skifahren. Auf der Hüttn. Das Bier war hartgefrorn und wir haben's getaut.› Sehr wahrscheinlich, weil man ihm davon abgeraten hatte. Mir schien dieser Blödsinn irgendwie charakteristisch für die aufgetragene Gleichgültigkeit, eine Neigung zur Selbstschädigung, den Zwang, unsinnige Dinge zu tun, weil der Widersinn der Welt ihn ständig verletzte.» Der Vertrag, von dem es in der gängigen Horváth-Literatur heißt, daß er ihm freie schriftstellerische Tätigkeit ermöglicht habe, wurde am 11. Januar 1929 geschlossen und sah monatliche Zahlungen von 300 Mark (für die ersten beiden Monate je fünfhundert) vor.[93] Die Summe wurde als Vorschuß auf die «gesamte schriftstellerische Produktion an dramatischen, erzählenden und lyrischen Werken» verrechnet. Der zunächst nur auf ein Jahr abgeschlossene Vertrag wurde später verlängert. Im Jahre 1931 wurden die Monatszahlungen beim Aufenthalt Horváths in Berlin auf 500 Mark erhöht, diese Erhöhung galt dann im folgenden Jahr pauschal. Im November 1932 wurde «auf Grund gegenseitigen freundschaftlichen Übereinkommens» der Vertrag aufgelöst. In den vier Jahren seiner Tätigkeit für Ullstein etwa 15 000 Mark – eine Summe, die trotz seiner Erfolge durch die Einnahmen nicht abgedeckt werden konnte. Nach Ablauf des Vertrages, am 2. Januar 1933, schreibt Horváth einen etwas irritierten Brief.

Ernst Josef Aufricht

Murnau, 2. I. 33

Sehr geehrter Herr Gronle,
  verzeihen Sie bitte, daß ich Ihren Brief erst heute beantworte, aber ich erhielt ihn erst am 31. Dezember aus Berlin, wohin Sie ihn adressiert hatten, hierher nachgesandt. Durch Fräulein Zweig ließ ich Ihnen bereits ausrichten, daß ich sofort nach Neujahr den Brief beantworten werde.
  Nun, was den Stand meines Kontos und meine Verpflichtungen zur Rückzahlung anbelangt, so möchte ich nur nochmals betonen, daß ich meinen Verpflichtungen unter allen Umständen nachzukommen gedenke. Und zwar werde ich mich dabei strikt an unseren Vertrag halten. Falls ich etwa Einnahmen aus der Arbeit an Aufträgen zur Herstellung von Filmmanuskripten haben sollte, so werde ich mit diesen Einnahmen meinen vertraglichen Verpflichtungen nachkommen. Und was den Roman, den ich schreiben will, anbelangt, so kann ich Ihnen nur versichern, daß von meiner Seite aus alles geschehen wird, damit Sie den Roman für

Abdruckszwecke als erster erhalten. Natürlich hat Kiepenheuer dabei etwas mitzureden, aber ich sehe keine Schwierigkeiten. – Von den Monatlichen Ratenzahlungen, die mir Kiepenheuer in diesem Jahre leistet, werde ich wohl kaum etwas für die Rückzahlung zurücklegen können. Ich werde aber mein Möglichstes tun.

Nur bitte ich den Verlag freundlichst um Folgendes: daß auch von seiner Seite aus etwas betr. der Abdeckung meines Kontos geschieht. Bei der letzten Aufführung in Leipzig war in der ganzen Stadt bei keinem

Szene aus «Italienische Nacht». Uraufführung im Theater am Schiffbauerdamm am 20. März 1931 mit Fritz Kampers und Berta Drews

Um 1931

Buchhändler auch nur eines meiner Bücher zu sehen. Und in Berlin war sogar nicht einmal in einer Ullsteinfiliale ein Buch vorrätig, geschweige denn, daß sich mal eines in eine Auslage verirrt hätte. Ich hoffe, daß dies bei der Aufführung von «Glaube Liebe Hoffnung» etwas anders wird, denn es schädigt doch eigentlich nur uns, wenn niemand in die Lage versetzt wird, sich eines meiner Bücher kaufen zu können.

Und dann bitte ich den Verlag noch um folgendes: Herr Dr. Sulzbach sagte mir kurz vor meiner Abreise aus Berlin, daß der Arcadia-Verlag es bedeutend lieber sehen würde, wenn «Glaube Liebe Hoffnung» erst in der nächsten Saison gespielt werden würde. Ich bin nicht der Ansicht.

1931

Keineswegs. Sollte aber der Verlag diese seine Absicht durchführen, dann
muß er natürlicherweise den Termin meiner Rückzahlungsverpflichtung
um mindestens ein halbes Jahr verschieben. Ich bitte aber den Verlag
nochmals, unbedingt darnach zu trachten, daß das Stück noch in dieser
Saison herauskommt.

    Indem ich Sie, sehr geehrter Herr Gronle, bitte, Herrn Dr. Herz meine
besten Empfehlungen zu übermitteln, verbleibe ich ebenfalls mit den
besten Empfehlungen

Ihr
Ödön Horváth [94]

Daß der Verlag sich über die Qualitäten Horváths im klaren war, geht aus einer Äußerung von Heinz Ullstein hervor, der sich erinnert hat: «Was mir an Horváth immer besonders auffiel, das war seine außerordentliche Bescheidenheit ... Für uns war Horváth einer der beliebtesten Autoren und wir waren sehr glücklich, daß wir ihn neben Zuckmayer eigentlich als den bedeutendsten Dramatiker in unserem Bühnenvertrieb hatten. Und der Leiter unseres Bühnenvertriebs, der pflegte immer zu sagen: ‹Naja, Ödön Horváth – das ist eben ein Edelstein im Ullstein.›»[95] Daß solche Beliebtheit nicht allseitig war, geht aus einer Szene hervor, die Max Krell überliefert hat, nämlich die Begegnung Horváths mit dem Dichter Rudolf Borchardt, der dem Verlag eine Novelle anbot, aber wissen wollte, in welchem Rahmen und in welcher Gesellschaft er sich befinde. Als Horváths Name fällt, dann der junge Autor noch in den Raum stürzt, wird Borchardt streng, sagt, er habe noch nichts von ihm gelesen und fragt, was er denn schreibe. Worauf Horváth spöttisch erklärt: «Augenblicklich beschäftige ich mich damit, nichts zu schreiben. Ein literarisches Abenteuer liegt gerade hinter mir. Ich verdiene meinen Lebensunterhalt damit, die Filmschauspielerin Renate Müller während der Drehpausen in Babelsberg bei guter Laune zu halten. Sie hat Nerven aus Spinnweben. Vielleicht mache ich später einen Roman aus ihr, der die Leser zum Lachen bringt oder skandalisiert.»[96]

Ein Roman, der die Leser zum Lachen bringt, war das erste, das Horváth dem Propyläen-Verlag anbot; die 600 Mark, die der Held des Buches, Herr Kobler, für den einigermaßen betrügerischen Verkauf eines ramponierten Autos erhält, entsprachen dem Vorschuß, den der Verlag dem Autor für eine Reise nach Barcelona zur Weltausstellung spendiert hatte. Wenn das Buch auch alle Merkmale einer raschen Arbeit, eines aus vielen früheren Stücken zusammengeklebten und überhaupt in weitem Maße unzusammenhängenden Werkes hat, so trifft doch Horváth mit dem Titel *Der ewige Spießer* wieder einen Nerv der Zeit. Und sein Vorwort ist schon beinahe Hellsicht: *Der Spießer ist bekanntlich ein hypochondrischer Egoist, und so trachtet er danach, sich überall feige anzupassen und jede neue Formulierung der Idee zu verfälschen, indem er sie sich aneignet. Wenn ich mich nicht irre, hat es sich allmählich herumgesprochen, daß wir ausgerechnet zwischen zwei Zeitaltern leben. Auch der alte Typ des Spießers ist es nicht mehr wert, lächerlich gemacht zu werden; wer ihn heute noch verhöhnt ist bestenfalls ein Spießer der Zukunft. Ich sage Zukunft, denn der neue Typ des Spießers ist erst im Werden, er hat sich noch nicht herauskristallisiert.*[97] Die Handlung wiederzugeben wäre wenig sinnvoll; das Buch besteht zum größeren Teil aus einem witzigen Reisebericht mit einer etwas tolldreist eingeflochtenen Romanze; zum kleineren letzten Teil aus einer schon beschriebenen Fräulein-Episode: Anna Pollinger aus der Münchner Schellingstraße findet einen fast selbstlosen Herrn Reithofer. Aber das Buch ist voller treffsicherer Zynismen (und folglich Charakteristiken), so wenn der auf die Reise gehende Herr Kobler an die im doppelten Sinn zurückbleibende Anna denkt: *Auch Anna wird sich jetzt ärgern ... es ist nämlich grad acht, und da beginnt ihr Büro. Ich würd mich auch ärgern, wenn jetzt mein Büro beginnen tät, es geht doch nichts über die Selbständigkeit.*

Was wäre das für ein Unglück, wenn alle Leut Angestellte wären, wie sich das der Marxismus ausmalt – als Angestellter hätte ich mich doch niemals so angestrengt, den Portschinger zu betrügen. Wenn das Kabriolett Staatseigentum gewesen wäre, hätt ichs halt einfach einschmelzen lassen, wie sichs eigentlich gehört hätt. Aber durch diese drohende Sozialisierung würden halt viele Werte brachliegen, die sich noch verwerten ließen. Das wär nicht anders, weil halt die persönliche Initiative zerstört wär.[98] Und aus dem gleichen Grund hält er auch nicht viel von den Revolutionen: *Ich hätt zwar wirklich nichts dagegen, wenn es jedem besser ging, aber ich glaub halt, daß die revolutionären Führer keine Kaufleute sind, sie haben keinen kaufmännischen Verstand... Und glauben Sie nicht auch, daß wir Kaufleut noch lange nicht unsern Höhepunkt erreicht haben?*[99]

Die Glossierung der Anna als einer Angestellten ist kein Aperçu, es ist der Hinweis auf den Hintergrund, vor dem Horváth in diesen Jahren seine Figuren sieht, der Hinweis auch auf ein Werk, das in eben dieser Zeit als eine große Sozialreportage erscheint, Siegfried Kracauers «Angestellte». Hajo Kurzenberger hat diese Korrelation prägnant beschrieben: «Die hier [bei Kracauer] aufgrund genau beobachteter empirischer Befunde entworfene ‹Ontologie des falschen Bewußtseins der synthetischen und manipulierten Angestelltenkultur der frühen dreißiger Jahre› scheint geradezu als soziologisches Komplement zu Horváths Volksstücken geschrieben, ja, Kracauers in zahlreichen Interviews gewonnene Ergebnisse und ihre Auswertung erscheinen wie der kommentierende Begleittext zu bestimmten Szenen der Horváthschen Volksstücke. Analogien aber nicht nur im gemeinsamen Sujet. Berlin, das für Kracauer ‹die Angestelltenstadt par excellence› ist, jene Stadt also, die wie keine andere die Weimarer Republik repräsentiert, von deren Atmosphäre Kracauer in den letzten Jahren vor der Herrschaft des Faschismus seine Impulse erhielt, ist das Beobachtungsfeld. Berlin, das ist aber auch der Ort, der Horváth in dieser Zeit empirisches Anschauungsmaterial, gesellschaftliche Erfahrungen vermittelt hat... Horváths Blick für die ‹Nuance›, Kracauers Blick für die ‹Exotik des Alltags›, das ist beidemal eine Sehweise, die alles sich darstellt wie auf der Reise, auch das grau Gewohnte als buntes Objekt des Staunens.»[100] Und noch ein Zitat aus dem *Ewigen Spießer;* da macht sich ein Bayer jene Luft, in der wir auch heute wieder leben: *Des san do kane Minister, des san do lauter Preißen!... Lauter Lumpen sans! Wer geht denn zgrund? Der Mittelstand. Und wer kriegt des ganz Geld vom Mittelstand? Der Arbater. Der Arbater raucht schon Sechspfennigzigaretten... Meine Herren! Ich sag bloß allweil: Berlin!*[101]

Schon 1925 hatte Ossietzky, mit Blick auf das Treiben Hitlers in München, geschrieben: «Bayern wächst zur Zitadelle der Reaktion aus.» Horváth, wie schon gesagt, war immer mit einem Fuß in Berlin, mit dem andern in Murnau. In Berlin holte er sich den «bösen Blick», in Bayern die Gelegenheit, ihn auf die heile Welt anzuwenden. Im August 1929 beobachtete er in einem oberbayerischen Ort *ein sonderbares Schützenfest,* das in der Erinnerung an die Befreiung des Ortes von den Tirolern durch ei-

Heinz Ullstein

nen bayerischen Grafen stattfand. Und Horváth fragt: *Was bedeutet das?*
Das bedeutet, daß sich noch heute Deutsche dazu hergeben, einen Tag, an
dem Deutsche auf Deutsche geschossen haben, durch ein Schützenfest zu
feiern. Daß es im dritten Jahrzehnt des zwanzigsten Jahrhunderts noch
Deutsche gibt, die sich nicht schämen, einen Trauertag des deutschen Vol-
kes als Freudentag zu begehen ... Es gibt also noch Deutsche, denen die
Errettung ihrer Marktgemeinde vor 120 Jahren wichtiger zu sein scheint
als Großdeutschland ... Dieses sonderbare Schützenfest ist wahrlich kein
Zeichen partikularistischer Tendenzen, es ist lediglich ein Produkt sträf-
lich leichtsinniger Gedankenlosigkeit, politischer Wurschtigkeit und Un-
wissenheit – das typisch politische Merkmal breiter Schichten des Mittel-
stands ...[102]

Es ist dann kein Schützenfest mehr, sondern eine solenne Saalschlacht, die Horváth anderthalb Jahre später, am 1. Februar 1931 am frühen Nachmittag in der Gaststätte Kirchmeier in Murnau, per Zufall miterlebt. Er hat Freunde zur Bahn gebracht und wird Augenzeuge des Versuchs einiger extra angereister Nazis, eine Versammlung der SPD zu sprengen. Der Vorfall (26 Verletzte, fast 3000 Mark Sachschaden) führt zu einer Gerichtsverhandlung, die Mitte des Jahres, am 20. Juli 1931, beginnt und sich über mehrere Tage hinzieht. Horváth war Zeuge vor Gericht, und er beschreibt die Situation unter anderem wie folgt: *Die Nationalsozialisten waren absolut in der Überzahl. An der Klavier- und Fensterseite hatten die meisten die Hand hochgehalten (auf den Ruf Heil Hitler). Gleich darauf folgte der erste Wurf. Dieser war abgezielt auf einen Tisch, an dem Reichsbannerleute saßen. Der Krug flog unmittelbar an meinem Kopf vorbei. Er war aus nächster Nähe geworfen. Als die Nationalsozialisten die Hände erhoben, wurde uns von sechs bis sieben Seiten gleichzeitig zugerufen: «Hände hoch!» Jetzt war ich mir klar, daß die Versammlung gesprengt werden sollte. Ich wunderte mich, daß die Reichsbannerleute auf die Provokationen so ruhig blieben. Auf mich ging ein Nationalsozialist, den ich wegen seiner Bemerkungen zu den Reden unbedingt als solchen erkannte, zu und bedrohte mich mit einem erhobenen Stuhlbein. Als ich ihn zur Rede stellte, drehte er sich um und schlug das Stuhlbein einem anderen hinauf. Das Werfen des Bierglases war der erste Teil der Schlägerei. Ich hatte den Eindruck, daß eine verabredete Versammlungssprengung vorlag. Das Reichsbanner hielt bis zum Schluß Disziplin.*[103] Ähnliche Vorgänge verarbeitet Horváth in seiner *Italienischen Nacht*, und es liegt nahe, einen direkten Bezug zu vermuten. Die Ausführlichkeit, mit der der gründlichste Horváth-Rechercheur, Traugott Krischke, aus dem Aussage-Protokoll in den vergangenen Jahren zitiert hat, schien dies zu bestätigen. In der jüngst erschienenen Ausgabe von *Italienische Nacht* weist er aber Günther Rühle darauf hin, es könne, aus zeitlichen Gründen, keinen Zusammenhang zwischen Saalschlacht und Stück geben: Der Kirchmeier-Krach war am 1. Februar, die Uraufführung des Stücks am 20. März, und die Buchausgabe war bereits erschienen.

Zur Premiere im Theater am Schiffbauerdamm lud Aufricht auch politische Gegner ein, «den Gauleiter Hinkel und den Schriftsteller Arnolt Bronnen, der frühzeitig zu den Nationalsozialisten übergewechselt war... Die beiden Nazis ließen sich nicht provozieren. Sie applaudierten wie die anderen Zuschauer der erfolgreichen Uraufführung. Die Stücke Horváths gefielen dem Berliner Premierenpublikum und der Kritik, das große Publikum erreichten sie nicht ...»[104] Und dennoch ist dieser Abend so etwas wie ein Durchbruch. Alfred Kerr nennt bei späterer Gelegenheit das Stück den «besten Zeitspaß dieser Läufte»[105].

Die Läufte aber waren so spaßig gar nicht mehr, und Horváth hatte sie mit seinem Stück eher auflaufen lassen. Für die Verblendung der Zeit spricht die Ratlosigkeit der Kritiker, auch der gutwilligen, der intelligenten. Da fallen Worte wie «Bierulk, in dem sowohl Republikaner ... wie die als Störenfriede auftretenden Hakenkreuzleute sehr lustig verspottet werden»[106], da wird von Felix Hollaender die Frage gestellt, was denn Horváth eigentlich wolle, «aufzeigen, daß die politische Welt eine Narrenbude ist, behaust von Schwätzern und Schaumschlägern?»[107] und Arthur Eloesser von der renommierten «Vossischen Zeitung» wertet die Bezeichnung Volksstück als «Entschuldigung für einen freundlichen Mangel an Wirklichkeitsnähe, an Folgerichtigkeit, aber wir können sie wohl nicht annehmen in einer Zeit, wo das deutsche Volk leider ganz andere Stücke aufführt»[108]. Niemand scheint damals bemerkt zu haben, daß Horváth mit seiner *Italienischen Nacht* die politischste Warnung geliefert hatte: Nämlich daß das Unheil Hitler sich eben von den Stammtischen, den Biergärten, den Sitzecken, dem Urterrain des Spießers aus vorbereitete. Wenn Günther Rühle schreibt: «Die verschiedenen Gruppierungen im ‹Reichsbanner› [das seit 1924 SPD, selbst Zentrum, Deutsche Demokratische Partei gegen Radikale von links und rechts zusammenzuhalten versuchte] sind in den Personen Stadtrat, Betz, Martin und ‹Kamerad aus Magdeburg› [dort war die Zentrale dieser Gruppierung] angedeutet»[109], so läßt sich dazu ergänzend sagen, daß das Stück aber nicht nur die Parteiungen jener späten Weimarer Jahre repräsentiert, sondern eben auch die Harmlosigkeit, die Arglosigkeit, die Hilflosigkeit der Republikaner, die bierselige Fehleinschätzung, die dann noch aus den Kritiken spricht. *Die Republik kann ruhig schlafen* – dieser sarkastische Schlußsatz wird noch von jeder Kritik belegt – mit der brutalen Ausnahme des «Völkischen Beobachters», der seinen Kommentar mit den Sätzen schloß: «Wird sich der Ödön noch wundern!»[110]

1931 ist das erfolgreichste, an äußerem Ruhm reichste Jahr für Ödön von Horváth. Als er am 9. Dezember seinen 30. Geburtstag feiert, kann er verbuchen: Die Uraufführung der *Italienischen Nacht* am 20. März in Berlin, eine zweite Inszenierung am 4. Juli in Wien, die Uraufführung der *Geschichten aus dem Wiener Wald*, die Buchausgabe beider Stücke im Propyläen-Verlag, den Abschluß der Arbeit an einem weiteren Stück (*Kasimir und Karoline*), und nicht zuletzt: die Verleihung des hochrenommierten, geradezu abenteuerlich wichtigen Kleistpreises durch Carl Zuckmayer. Der Kleistpreis war einer der ungewöhnlichsten Literaturpreise, weil er nicht von einem Gremium, sondern von einem einzigen Vertrauensmann zuerkannt wurde, der wiederum von mehreren anderen bestimmt werden mußte. 1920 hatte Oskar Loerke den Dramatiker Hans Henny Jahnn ausgezeichnet, 1922 war Bertolt Brecht von Herbert Jhering gekürt worden, 1924 Ernst Barlach von Fritz Strich, 1925 Carl Zuckmayer von dem damals noch nicht so konservativ-reaktionären Paul Fechter, 1928 Anna Seghers von Hans Henny Jahnn, und im letzten Jahr der Verleihung, 1932, bestimmte der Hamburger Intendant Erich Ziegel den Dramatiker Richard Billinger und Else Lasker-Schüler, Autoren von verschiedenem Temperament, verschiedener Thematik und aus verschiedener politischer Richtung. Auch Horváth, als er ein Jahr vorher den Preis bekam, hatte noch einen Nebenmann: Erik Reger, dessen Roman «Union der festen Hand» gerade erschienen war. Der Preis war den Rechten der Republik und den immer dreister werdenden Nationalsozialisten schon lange ein Dorn im Auge. Schon am 1. Mai 1931 hatte Julius Bab Anlaß genommen, sich gegen die Hetze des «Angriff» korrigierend zur Wehr zu setzen. Er schrieb: «Wie bekommen es also die völkischen Beobachter fertig, den Eindruck

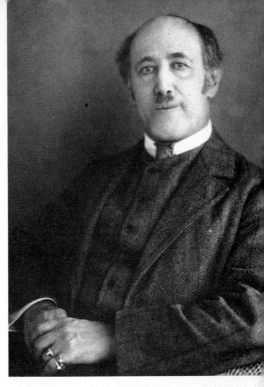

Alfred Kerr

zu erwecken, daß es sich beim Kleist-Preis ganz wesentlich um jüdische Preisträger und Preisrichter handelt? Das positive Verfahren ist sehr einfach. Es marschieren auf, ausdrücklich und unter Sperrdruck des Wortes Jude: der Jude Hermann Essig, der Jude Oskar Loerke, der Jude Bertolt Brecht, der Jude Leonhard Frank, der Jude Alfred Brust – all diese Männer sind Nichtjuden, und sie sind nicht nur vom besonderen Wesen ihrer deutschen Provinz, sondern großen Teils auch von ihrer christlichen Herkunft . . . entscheidend gestimmt. Aber die alte antisemitische Taktik, alles, was einem nicht gefällt, jüdisch zu nennen, führt immer am einfachsten zum Ziel.»[111]

Dem nationalsozialistischen Zorn fällt auch Horváth anheim, nachdem Zuckmayer ihn in seiner Laudatio wie folgt gerühmt hat: «Horváth scheint mir unter den jüngeren Dramatikern die stärkste Begabung und darüber hinaus der hellste Kopf und die prägnanteste Persönlichkeit zu sein. Seine Stücke sind ungleichwertig, manchmal sprunghaft und ohne Schwerkraft, aber niemals wird sein Denken mittelmäßig. Was er macht, hat Format, und sein Blick ist eigenwillig, ehrlich, rücksichtslos, seine Gefahr das Anekdotische, seine Stärke die Dichtigkeit der Atmosphäre, die Sicherheit knappster Profilierung, die lyrische Eigenart des Dialogs.»[112]

Diesmal brach die nationalsozialistische Wut gegen Zuckmayer und Horváth zugleich los. «Der diesjährige Vertrauensmann der Kleiststiftung», so schreibt der spätere Reichsdramaturg Rainer Schlösser, «war der Halbjude Carl Zuckmayer, sattsam bekannt durch seine üblen Machwerke Der fröhliche Weinberg und Der Hauptmann von Köpenick. Er sprach den Preis den ‹Dichtern› Ödön von Horváth und Erik Reger zu. Was Zuckmayers Stücke schon bewiesen, jetzt bestätigt es auch seine Preisrichtertätigkeit: daß er allen Geschmacks und Urteilsvermögens bar ist ... Ästhetische Ahnungslosigkeit empfiehlt vielmehr geradezu – ist sie nur mit der nötigen Linkseinstellung verbunden. Und die besitzt Zuckmayer fraglos, sonst würde er nicht wertloseste, dürftigste und platteste Tendenzliteratur wie die von Reger und Horváth prämiiert haben ... Doch genug des grausamen Spiels! ... Hinzuzufügen wäre ehestens noch: Wenn der Herr Kerr sagt, Horváth gehöre zu ihm – so beglückwünschen wir Kerr zu solch lieblicher Kumpanei ... Und wir wissen, daß Horváth deutschen Mensch nichts, aber auch gar nichts zu sagen hat.»[113]

Es scheint, als sei Horváth durch die infame Banausie dieser und anderer Äußerungen der Nazis – die insbesondere die *Italienische Nacht* als eine dramatische Kriegserklärung auffassen mußten, als eine szenische Verhöhnung ihrer Saalschlachtpraktiken – einigermaßen betroffen gewesen, als habe sie ihm in dieser Situation des neuen großen Ruhms doch beträchtlich zu schaffen gemacht, zumal sie auch von anderen Versuchen begleitet war, Horváth zu diskreditieren. Zum Beispiel durch ein fingiertes Schreiben in hilflosem Deutsch, das als angeblich von Horváth stammend von Richard Schaukal in der Zeitschrift «Die neue Literatur»[114] abgedruckt war. Und offenbar diese Angriffe waren zunächst der Grund für das Interview mit Cronauer, das mit einer Rechtfertigung beginnt. Hajo Kurzenberger bemerkt mit Recht, daß die Form des Interviews nur scheinbar ist, daß es sich dabei um einen weitgehend auch in den Fragepartien von Horváth entworfenen Text handelt. *Also wenn man mich fragt, ob ich ein Deutscher bin, so kann ich darauf nur antworten: ich fühle mich als ein Mensch, der sich unter allen Umständen zum deutschen Kulturkreis zählt – und warum ich mich zum deutschen Kulturkreis gehörend betrachte, liegt wohl vor allem daran, daß meine Muttersprache die deutsche ist. Und dies dürfte meiner Meinung nach der ausschlaggebende Grund sein. Dann erst folgt die Tatsache, daß ich entscheidende Entwicklungsjahre in Deutschland, und zwar in Südbayern und in Österreich, verlebt habe.*[115] Und Horváth läßt sich darauf ein, ein Wort zugunsten der Rassenmischungen und der Rassengemischten zu sagen, am Beispiel Nietzsches, der ein halber Pole gewesen, und am Beispiel Dürers, der *ein halber Ungar gewesen. Bekanntlich hieß sein Vater Ajtosi, was zu Deutsch soviel heißt wie Türer. Ajto heißt Türe.* – Und dann beharrt er darauf – und das scheint nicht mehr nur die Zurechtweisung der Nazis zu sein, sondern die Auskunft an Leute, die in ihm einen ungarischen Schriftsteller vermuten: *Ich habe noch nie in meinem Leben etwas ungarisch geschrieben, sondern immer nur deutsch. Ich bin also ein deutscher Schriftsteller.* Daß dies nicht nur biographische, sondern politische Erklärungen sind, wird deutlich, wenn Cronauer daraufhin das von Horváth vorformulierte Fazit zu diesem Punkt zieht: «Von Ihrer deutschen, ja absolut süddeutschen Art wird wohl jeder, der Ihre Arbeiten genauer kennt, überzeugt sein, auch wenn Sie nicht gerade deutscher Staatsbürger sind.»

Carl Zuckmayer

Nicht nur Aufricht war ein Mann der schnellen Entschlüsse. Heinz Hilpert war es auch. «Als mir Horváth», so berichtet er, «im Sommer des Jahres 1931 sein Stück ‹Geschichten aus dem Wiener Wald› übergab und ich es gelesen hatte, war ich so fasziniert, daß ich sofort beschloß, es auch zu inszenieren.»[116] Am 2. November 1931 kommt es im Deutschen Theater heraus, mit einer fulminanten Besetzung: Peter Lorre als Alfred, Carola Neher als Marianne, Lucie Höflich als Valerie, Hans Moser als Zauberkönig, Paul Hörbiger als Rittmeister und Paul Dahlke als Erich. Frida Richard ist die Großmutter, Heinrich Heilinger der Oskar und Josef Danegger der Havlitschek. Kerr schreibt, enthusiastisch: «Eine stärkste Kraft unter den Jungen, Horváth, umspannt hier größere Teile des Lebens als zuvor ... Jetzt malt er ... ein ganzes Volk. So umspannt er weit mehr als zuvor.» Und über den Theaterabend: «Der Abend bringt eine fast beängstigende Gipfelung im Spiel. Alle. Alle. Alle.»[117]

Alfred Polgar aber, der sonst Sichere, Spürsame, irrte in einer Vermu-

Heinz Hilpert

tung, nämlich bei dem Gedanken, das Stück sei gewissermaßen mir nichts dir nichts entstanden: «Horváth (denke ich) ging im Wienerwald so für sich hin. Auf diesem Spaziergang, nichts Tragisches zu suchen war sein Sinn, fand er allerlei Lustiges; dann aber auch, daß es gut oder erforderlich oder aus literarischen Prestigegründen angezeigt wäre, sich über das Lustige ernst zu machen.»[118]

Denn diese «Geschichten» sind alles andere als ein rascher Wurf, eine kühne Improvisation. Sie sind eine dramaturgische Summe, das Fazit eines Jahrzehnts der Schriftstellerei, der szenischen Arbeiten. So wie Horváth für den Zuschauer, die zeitgenössischen Kritiker das Kunst stück vollbrachte, Trauer und Lachen, Ulk und Tragik, Gemütlichkeit und Terror, Herz und Gemeinheit in einer bis dahin kaum erreichten Balance zu halten, so vollbringt er für (und vor) sich selbst das Kunst werk, den Klein-Kosmos seiner Figuren in einer unangestrengten, aber vollendeten Konstellation zu ordnen. Ein Jahrzehnt lang hatte er sie mal hier, mal

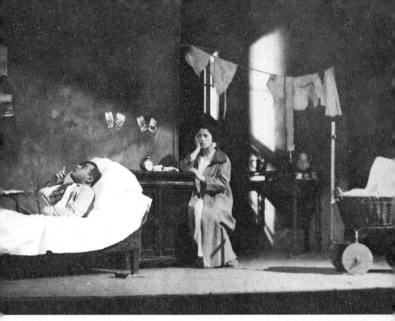

Szene aus «Geschichten aus dem Wiener Wald». Uraufführung im Deutschen Theater am 2. November 1931 (Peter Lorre, Carola Neher)

Lucie Höflich (Valerie) und Peter Lorre (Alfred) in «Geschichten aus dem Wiener Wald»

DEUTSCHES THEATER

Anfang 7½ Uhr · Ende nach 10 Uhr

Montag, den 2. November 1931
Uraufführung

Geschichten aus dem Wiener Wald

Ein Volksstück in 3 Teilen (15 Bildern)
von

Oedön Horváth

Regie: **Heinz Hilpert**
Bühnenbilder: Ernst Schütte

P E R S O N E N

Die Mutter	Lina Woiwode
Alfred	Peter Lorre
Die Großmutter	Frida Richard
Der Hierlinger Ferdinand	Willy Trenk-Trebitsch
Valerie	Lucie Höflich
Oskar	Heinrich Heilinger
Ida	Felicitas Kobylanska
Havlitschek	Josef Danegger
Rittmeister	Paul Hörbiger
Marianne	Carola Neher
Eine gnädige Frau	Elisabeth Neumann
Zauberkönig	Hans Moser

P E R S O N E N

Erste Tante	Hedwig von Lorré
Zweite Tante	Jula Benedek
Erich	Paul Dahlke
Emma	Sylva Havran
Helene	Grete Jacobsen
Dienstbote	Maria Secher
Baronin	Cäcilie Lvovsky
Beichtvater	Hermann Wlach
Kavalier	Max Lammer
Mädchen	Saluta Kobylanska
Der Mister	Karl Huszar-Puffy
Der Conferencier	Hans Ströhm

dorthin gesteckt: in Entwürfe, in Kurzgeschichten, in Exposés, in frühe Stücke, in Glossen; aber nun auf einmal findet er für seine Gestalten den «Spielraum»: die stille Straße im VIII. Wiener Bezirk wird zur Quäl- und Seelenlandschaft.

Die Marianne ist auch eine aus der Familie der Fräuleins; und Alfred kommt vom Rennbüro wie jener Freddy aus *Ein Fräulein wird verkauft*. Und wenn jenes Fräulein sich ein Kind gewünscht hat (*Ich wollt ja so was haben, damals gings mir noch gut und ich hab meiner inneren Stimme vertraut . . .*), so sagt Marianne, als sie Alfred trifft, ganz bestimmt: *Von dir möcht ich ein Kind haben.*[119]

Aber die Herkunft aus der «Familie» der Fräuleins macht nur die eine Seite Mariannes wie auch der anderen Frauengestalten in den Volksstücken aus. Sie alle haben noch ein anderes gemeinsames Modell. Denn ähnlich wie *das Fräulein* verwendet Horváth den Sammelbegriff *die Schönheit*[120]. Da findet sich im Nachlaß der Entwurf eines Stückes *Die Schönheit von Fulda,* ebenso ein Exposé *Karoline, die Schönheit von Haidhausen* und der Abriß eines Volksstückes in neun Bildern *Elisabeth, die Schönheit von Thüringen*. Schon die Namen weisen auf die anderen Arbeiten hin; auf die Elisabeth aus *Glaube Liebe Hoffnung;* auf die lebenslustig-melancholische Heldin aus *Kasimir und Karoline*. In der *Schönheit von Thüringen* sind schon alle Motive der *Geschichten aus dem Wiener Wald* beisammen: das uneheliche Kind, Versöhnung mit dem Vater, erneuter Streit, ärmlicher Brotverdienst, Trennung von dem Kind. Ein handschriftlicher Zusatz im Typoskript lautet: *Das Kind ist inzwischen gestorben.*[121]

Aber Liebe, wie sie Marianne für Alfred empfindet, ist bei Horváth immer Himmelsmacht mit doppelter Erdenschwere, Momente der Glückseligkeit werden zum Hinweis auf ökonomische Ungerechtigkeit, und Klassenkampf ereignet sich weit jenseits der Fronten als Kampf der Geschlechter, als Kleinbürgerkrieg. Alfred erklärt angesichts der jähen Leidenschaft Mariannes, daß er kein Geld habe, und auf ihre Frage, warum er gerade jetzt davon spreche: *Weil das meine primitivste Pflicht ist . . . Lieben ja, aber dadurch zwei Menschen auseinanderbringen – nein. Dazu fehlt mir das moralische Recht. Prinzipiell!*[122] Rede als Ausrede. Denn was so vernünftig sich gibt ist eine Finte (*Aber das Nette an den Männern ist halt nur eine Kriegslist*). Daß einer kein Geld habe wird ihm zur bequemen Auskunft, wenn er sich in der Liebe nicht festlegen will. Hier wird soziale Not zum bequemen Alibi für das Manko an Gefühl.

Marianne verliert Alfred. Sie verliert ihr Kind. Sie verliert ihr Leben. Sie entgeht dem Oskar nicht. Sie stirbt den grausamsten, quälendsten Tod, den es bei Horváth gibt: den langsamen Tod in der Ehe.

Am 18. November 1932 wird im Leipziger Schauspielhaus Horváths *Kasimir und Karoline* uraufgeführt. Es ist wieder eine Produktion unter der Ägide Ernst Josef Aufrichts, die Regie hat Francesco von Mendelssohn. Aber Leipzig ist gewissermaßen nur ein Vorort-Test nach amerikanischer Sitte. Eine Woche später schon kommt die Aufführung nach Berlin (25. November im Komödienhaus). Monty Jacobs resümiert in der «Vossischen Zeitung» eher lustlos den «Inhalt»: «Diesmal, auf dem Oktoberfest, gibt es wieder einen Reigen von Mannsbildern und Weibsbildern, von feinen und ordinären Leuten, in dem nur zwei anständige Menschen mittanzen. Kasimir, abgebauter Schofför, und Erna, die Freundin eines brutalen Gauners, sehen am Schluß gemeinsam zu den Sternen hinauf ... Diese beiden, Kasimir und Erna, sind die einzigen Personen des Stücks, die weder sich selbst noch ihr Gefühl verkaufen. Kasimirs Karoline indessen verkauft sich, sobald ihr Schatz abgebaut wird, strebsam an die feinen Leute. Zwar der alte Kommerzienrat, in dessen Limousine sie abfahren will, bekommt einen Schlaganfall, ein Motiv, das für Horváth jetzt in München, wie damals in Wien, viel Komik zu enthalten scheint. Aber sein Zuschneider ist ja auch noch, an einem Arbeitslosen gemessen, ein leidlich feiner Herr, und so zieht Karoline nicht einsam ab, wenn die beiden Sterngucker sich zusammen tun. Heute wie früher muß der Griff gerühmt werden, mit dem Horváth zupackt. Das steht, das wandelt, das flitzt und sitzt, sein Menschenpack ...»[123] Kerr bemerkt: «Als ich das Manuskript vor Jahresfrist las, war mein Gefühl: ‹Das ist eine einzige Wonne.› Dann: ‹Aber ist es auch ein Stück?› Doch! Es ist auch ein Stück. Es hat bei der Aufführung lachende, brüllende, seelisch gefesselte Zuschauer ... berührt, nachdenklich gestimmt, mitgerissen. Somit ist es ein Stück.»[124]

Horváth selbst nennt sein Werk später eine Ballade. *Es ist die Ballade vom arbeitslosen Chauffeur Kasimir und seiner Braut mit der Ambition, eine Ballade von stiller Trauer, gemildert durch Humor, das heißt durch die alltägliche Erkenntnis: «Sterben müssen wir alle!»* [125] Und er erinnert sich bei gleicher Gelegenheit mit Entsetzen an das kritische Echo in Berlin: *Als mein Stück 1932 in Berlin uraufgeführt wurde, schrieb fast die gesamte Presse, es wäre eine Satire auf München und auf das dortige Oktoberfest — ich muß es nicht betonen, daß dies eine völlige Verkennung meiner Absichten war, eine Verkennung von Schauplatz und Inhalt; es ist überhaupt keine Satire ...*[126] Die Distanzierung von der Satire vollzieht sich offenbar im Laufe des Jahres 1932. Schon Zuckmayer hatte in einer Kleistpreis-Laudatio gesagt: «Es wäre ein Mißverständnis, ihn für einen Satiriker zu halten, obwohl noch einzelne seiner Figuren und Situationen satirisch gezeichnet, d. h. von einem kritischen Blickpunkt aus überzeichnet sind.»[127] Im Cronauer-Interview aber hatte Horváth, angesprochen auf «einen starken satirischen Charakter» seiner Stücke, noch burschikos erwidert: *Ja, ich stehe zur Satire absolut positiv. Ich kann gar nicht anders.*[128] Dagegen heißt es sehr entschieden in der *Gebrauchsanweisung*, die im Zusammenhang mit *Kasimir und Karoline*, also kaum ein Jahr später, geschrieben wird: *Ich bin kein Satiriker, meine Herrschaften!* [129] Aber seine Art, die Welt anzusehen, hatte er schon im *Interview* mit den Sätzen definiert: *Man wirft mir vor, ich sei zu derb, zu ekelhaft, zu unheimlich, zu zynisch und was es dergleichen noch an soliden, gediegenen Eigenschaften gibt — und man übersieht dabei, daß ich doch kein anderes Bestreben habe, als die Welt so zu schildern, wie sie halt leider ist. — Und daß das gute Prinzip auf der Welt den Ton angibt, wird man wohl kaum beweisen können, behaupten schon.*[130]

Szene aus «Kasimir und Karoline» (Hermann Erhardt, Fritz Kampers, Blandine Ebinger), 1932

Zur Zeit der Uraufführung von *Kasimir und Karoline* gibt es noch einmal große Pläne; während das Land ins Unglück hineintrieb, plante Max Reinhardt eine «Revue des Glücks». Horváth ist als einer der Ko-Autoren vorgesehen. Robert A. Stemmle hat darüber berichtet: «Nach der Uraufführung der ‹Geschichten aus dem Wienerwald› spannte uns Professor Max Reinhardt zusammen für eine Revue im ‹Großen Schauspielhaus›! Reinhardt schwebte eine große Ausstattungsshow vor, eine Art überdimensionales ‹Haus Vaterland›, in dem die Besucher wahrhaft glücklich sein konnten . . . Wir Autoren wurden einmal in das Schloß Bellevue zu

Professor Reinhardt zum Abendessen geladen. Dabei machte er uns mit der Schauspielerin bekannt, die die Amerikanerin spielen und singen sollte. Sie war extra für diesen Abend aus Schweden gekommen und hieß Zarah Leander ... Die Texte sollte Walter Mehring schreiben, die Musik Friedrich Holländer. Horváth und ich saßen in der Villa Mendelssohn im Grunewald, wo Ödön Horváth liebevoll aufgenommen worden war, und dichteten drauflos.»[131]

Und Walter Mehring erinnert sich: «... Als ich wieder gerade abends aus Paris kam (November 1932), wurde ich ins Deutsche Theater bestellt zu Max Reinhardt. ‹Der Professor plant eine Silvesterrevue; ein ‚Magazin des Glücks‘ – mit Dialogen von Herrn von Horváth, mit Songs von Ihnen.› In einer Konditorei am Lützowplatz fand die erste Begegnung zwischen Horváth und mir statt. Ich hatte ihn mir ... nein! Ich hatte ihn mir gar nicht vorgestellt. Wir brauchten einander nicht vorzustellen. Es war eine geheime Vertrautheit auf den ersten Blick aus seinen dunkel schwermütigen Spötteraugen ... ‹Zum Wohl›, sagte ich, ‹auf das Magazin des Glücks! ... Ein ominöser Titel in solchen Zeiten ...› Haben Sie schon den Entwurf bereit?»[132] Und Mehring berichtet weiter, wie Horváth und er, nach einem animierten Gespräch mit Max Reinhardt, in das Restaurant des Bahnhofs Friedrichstraße gegangen seien und weitergeredet hätten: «. . . zwischen Wartesaalbänken schnarchender Abreisender und einem Stammtisch johlender Braunhemden, die wohl gerade einen siegreichen Handstreich begossen, uns mit bösartigen Seitenblicken anvisierten, als plötzlich der Strammste puterrot aufsprang und Horváth, der ihn interessiert beobachtete, anrempelte: ‹Juden raus!› – ‹Das mußte man›, bemerkte Horváth, ‹so ganz unvermittelt anbringen, scheinbar unbegründet, damits einen tieferen Sinn bekommt.›»

Von der politischen Bedrohung zeugen auch etliche Passagen in der verschiedenen Entwürfen, die es zu dieser Revue gibt, so etwa die Bilder *Hawaii* und *Paris: Die Fürstin besichtigt mit Gefolge die glücklichen Inseln. Der Sekretär schlägt ihr dabei vor, daß es eigentlich ein gutes Geschäft wäre, diese glücklichen Inseln aufeinander zu hetzen und einen Krieg zu finanzieren, anstatt das Magazin des Glücks aufzubauen. Die Fürstin zeigt sich abermals prinzipiell einverstanden und verlangt von ihm einen Kostenanschlag und eine Rentabilitätsberechnung. Der tüchtige Sekretär beauftragt den Dichter Blind, auf alle Fälle ein schneidiges Kriegslied für Hawaii zu fabrizieren . . . Der Dichter, der immer noch kein Kriegsgedicht hat und die Inspiration sucht, entdeckt die verlassene Annemarie, zahlt ihre Zeche, tröstet sie und hofft im Innern, daß ihm nun endlich das Kriegslied einfallen möchte, das dann die Fürstin so begeistern würde, daß sie ihr Geld für einen Krieg gäbe . . .*[133]

Zur Ausarbeitung, gar zu einer Aufführung kommt es nicht mehr. Und Heinz Hilpert muß seine Pläne fallenlassen, *Glaube Liebe Hoffnung* zu spielen. Hitler herrscht in Berlin.

Keines unter den Horváth-Stücken, auch kein anderes unter den Volksstücken, hat ein so denkwürdiges Nach-Leben gehabt. Während 1952 noch von einem «dramaturgischen Mißgriff in die pseudoliterarische Abfallkiste»[134] gesprochen werden konnte, während selbst ein so spürsinniger Kritiker wie Joachim Kaiser den sarkastischen Satz (1961) sagte: «Ernst ist das Leben – trostlos jedoch die Kunst, wenn sie meint, mit der Reportage trauriger Begebenheiten sei es getan»[135] – steht heute das Stück in der Wertschätzung der Interpreten gerade dank seiner Skizzenhaftigkeit obenan. (Ich sehe es als das schönste Stück Horváths an.) Im übrigen ist der Zug des Reportagehaften, den Joachim Kaiser ihm nachsagt, durchaus gegeben; ja, er ist sogar ein Grundzug – wie gezeigt worden ist – der Horváthschen Dramatik in den Berliner Jahren überhaupt. Und der journalistische Anlaß wird von Horváth in einer *Randbemerkung* bestätigt und folgendermaßen referiert:

Februar 1932 traf ich auf der Durchreise in München einen Bekannten, namens Lukas Kristl. Dieser ist ein Gerichtssaalberichterstatter schon seit einigen Jahren und er sagte mir damals ungefähr folgendes: ich (Kristl) verstehe die Dramatiker nicht, warum daß diese Dramatiker, wenn sie Tatbestand und Folgen eines wirklichen oder vermeintlichen (Justizirrtum) Verbrechens dramatisch bearbeiten, immer nur sogenannte Kapitalverbrechen bevorzugen, die doch relativ selten begangen (oder in Hinblick auf den Justizirrtum nicht begangen) werden, und warum also die

Dramatiker niemals um die vermeintlichen oder wirklichen Tatbestände und Folgen der kleinen Verbrechen kümmern, denen wir doch landauf landab tausendfach und tausendmal begegnen – und deren Folgen sehr häufig denen des lebenslänglichen Zuchthauses ähneln, dieser heroische Kampf gegen kleine unscheinbare Paragraphen und Polizeivorschriften, die die Menschen nicht mehr auslassen, umklammern und erwürgen – dabei dreht es sich sogar noch meistens im allererersten Stadium um ein Vergehen, das die Menschen garnicht wissen, daß es ein Vergehen ist, aber Unwissenheit schützt nicht vor Strafe, usw. und Kristl erzählte mir folgenden Fall:

Ein Fräulein betätigt sich als Reisende für eine Firma und verkauft ihre Artikel, besitzt allerdings keine Genehmigung: sie hat sich keinen Wandergewerbeschein verschafft, denn der kostet 150 Mark. Folge: Verurteilung zu einer Geldstrafe, im Nichteintreibungsfalle Gefängnis. Um nicht sitzen zu müssen und dadurch wieder ihren Beruf zu verlieren (sie hat inzwischen von der Firma als Vorschuß einen Wandergewerbeschein bekommen), leiht sie sich von einem ihr väterlich gesinnten Herrn 150 Mark, sagt ihm: das Geld benötige sie für den Wandergewerbeschein, bezahlt aber in Wahrheit ihre Geldstrafe. Der ältere Herr erfährt dies und hat sich auch noch verhört mit dem Zollinspektor, zeigt sie an. Tatbestand des Betruges. Das Fräulein bekommt 14 Tage, ohne Bewährungsfrist, weil sie schon eine Vorstrafe hat. Entlassen aus dem Gefängnis, steht sie nun da auch ohne Wandergewerbeschein. Das Wohlfahrtsamt gibt ihr nichts . . .

Es war natürlich nicht meine Absicht ein Stück gegen die Anwendung der kleinen Paragraphen zu schreiben . . . Es war aber meine Absicht, zu zeigen den Kampf zwischen Individuum und Gesellschaft, den ewigen Kampf, in dem es keinen Frieden geben kann, höchstens daß man die Illusion des Waffenstillstands genießt.[136]

Die Figuren Horváths kommen nicht zur Sprache, nicht zu ihrer eigenen. Ihnen gab kein Gott zu sagen, was sie leiden, nicht einmal, was sie meinen. Botho Strauß hat, im Zusammenhang mit Horváth, das Stichwort Uneigentlichkeit aufgebracht, als er über den *Sladek* schrieb: «Er kann die Dinge nicht direkt und genau beim Namen nennen, er ist ein Unikum der Uneigentlichkeit, resümiert fortwährend Menschheitserfahrungen, Bruchstücke einer sehr verkommen, gemeinen Konfession.»[137] Und von Hellmuth Karasek stammt der Hinweis, Horváth habe Schluß gemacht mit dem bis dahin im Volksstück beliebten «Jargon naiver Eigentlichkeit»[138].

Die erste und äußerste, aber auch die obstinateste Form der Uneigentlichkeit besteht im Zitat. In den Volksstücken Horváths wird unentwegt zitiert. Leute treten auf und nehmen den Mund voll – mit Vorgekautem, schon Gesagtem. Sie stellen sich auf die Bühne und geben Bekanntes von sich. Ihre Dummheit ist sprichwörtlich, etwa wenn Kranz in der *Italienischen Nacht* begütigend zu Adele sagt: *Trautes Heim, Glück allein. Häuslicher Herd ist Goldes wert. Die Grundlage des Staates ist die Familie. Was Schönres kann sein als ein Lied aus Wien.*[139] – Hintereinander weg sagt er das, ohne Zwischentext.

Der Beamte von der Sittenpolizei, der die karge Idylle Elisabeths aufstört, tritt mit einem Sprichwort ein, als ihm endlich aufgemacht wird: *Geduld bringt Rosen.*[140] So wie beim Kranz Blödigkeit aus dessen Potpourri sprach, so ist es jetzt, bei der Polizei, jene Autorität, der nichts Menschliches bekannt ist. Es ist der als Albumspruch kaum getarnte Sarkasmus einer Macht, die zu überleben gewohnt ist. Die Latenz der Redensart bringt sich permanent zur Geltung. Sagt einer: *Es ist alles an den Tag gekommen,* sagt ein anderer: *Durch die Sonne wahrscheinlich.*[141]

Sprichwörter gehören zur Grundstruktur der Horváthschen Stücke; sie bilden ein Muster von scheinbarer Schlagfertigkeit und redebereiter Gedankenlosigkeit. S i e schon grundieren die Stücke mit Unmenschlichkeit. Nicht nur Sprichwörter, auch «Dichterworte» werden zitiert. Alfred im *Wiener Wald* zitiert Nietzsche: «Nur wer sich wandelt bleibt mit mir verwandt.» Und der Fleischhauer Oskar läßt sich nicht lumpen und kommt mit Goethe, wenn auch nicht ganz wortgetreu:

> *Denn so lang du dies nicht hast*
> *Dieses «Stirb und Werde!»*
> *Bist du noch ein trüber Gast*
> *Auf der dunklen Erde.*[142]

Es ist aber keineswegs so, daß sich die Figuren über den Spruchcharakter ihrer Weisheiten im unklaren wären; denn als Marianne das Gedicht mit den Worten quittiert: *Gott, seid ihr gebildet,* wehrt Oskar ab: *Das sind doch nur Kalendersprüch!*

Alles ist Zitat, alles ist zitierbar. Jederzeit können die Figuren ihr Stichwort aufnehmen, auch Gefühle, Wutanfälle entstehen wie herbeizitiert. Deutlicher Beleg ist dafür die 62. Szene aus *Kasimir und Karoline*: Im

1932

Wagnerbräu singt man das Lied «Ich schieß den Hirsch im wilden Forst». Kasimir singt nicht mit. Aber plötzlich greift er die Schlußzeilen auf und bricht in ein Furioso von Floskeln aus: *Und dennoch hab ich harter Mann die Liebe schon gespürt – und die ist ein Himmelslicht und macht deine Hütte zu einem Goldpalast – und sie höret nimmer auf, so lang du nämlich nicht arbeitslos wirst. Was sind denn das schon überhaupt für Ideale von wegen dem seelischen Ineinanderfließen zweier Menschen? Adam und Eva. Ich scheiß dir was auf den Kontakt – da hab ich jetzt noch ein Kapital von rund vier Mark, aber heut sauf ich mich an und dann häng ich mich auf – und morgen werden die Leut sagen: Es hat einmal einen armen Kasimir gegeben.* – Auch hier wieder das Zitat, als vorweggenommenes: *Morgen werden die Leut sagen: Es hat einmal einen armen Kasimir gegeben.*[143]

Die Zitierbereitschaft bei Horváth wird gelegentlich satirisch zugespitzt: Wenn Irene Prantl (in *Glaube Liebe Hoffnung*), Inhaberin eines Korsettgeschäfts, anerkennend zu der Frau Amtsgerichtsrat sagt, die, wie auch immer terroristisch, sich als Verkaufskanone erweist: *Das Verkaufen ist heutzutage kein Kinderspiel, die Leut schlagen einem die Türe vor der Nase zu*[144], und wenn in dieselbe Szene die untüchtige Elisabeth hineinplatzt und justament denselben Wortlaut benutzt: *Das Verkaufen ist heutzutage kein Kinderspiel, die Leute schlagen einem die Türe vor der Nase zu*, dann ist das hart an der Grenze des Slapsticks – nein, es wäre, wenn Horváth nicht diese Aura zu erzeugen verstünde, in der eben alles schon gesagt ist, eine Welt, in deren Luft immer dieselben Sätze liegen.

Was bei jedem anderen Autor – etwa bei Nestroy, als schierer Übermut, als Jux geahndet oder belacht werden würde, bekommt bei Horváth einen grimmigen Zug von Rückkehr an den Tatort. Das zeigt sich gerade am Selbstzitat. Auf die Frage des Präparators, was sie denn von Beruf sei, sagt Elisabeth: *Jetzt habe ich eigentlich nichts. Es soll ja noch schlechter werden. Aber ich lasse den Kopf nicht hängen.* Und noch im Sterben wiederholt sie sich: *Es soll ja noch schlechter werden, aber ich lasse den Kopf nicht hängen.*[145] Der halluzinatorische Blödsinn, sich in einer so miesen Situation so miesen Trost selbst zu spenden, heißt schon geradezu sich um den Kopf zu reden, den man nicht hängenlassen will.

Aber auch die nur ähnlichen Wiederholungen geben Auskunft über das gute Gedächtnis der Figuren für schlechte Sätze: *Nur hat man so gar keinen Zukunftsblick*[146], sagt Karoline zu Kommerzienrat Rauch. Sie sagt nicht Zukunft, sie sagt Zukunftsblick. Und als die Eskapade gescheitert ist, besinnt sie sich: *Ich hab mir halt eingebildet, daß ich mir einen rosigeren Blick in die Zukunft erringen könnte.* Konkreteres, so wird sie vor der Sprache verraten, will sie gar nicht: nur einen *rosigeren Blick in die Zukunft*.

Natürlich geht solche Zitier-Lust nicht nur zu Lasten der Figuren, sie is eine fixe Idee Horváths selbst. An den Zitaten, die Horváth sich bei sich selbst ausborgt, kann man übrigens die Verfertigung dieses Autors ab lesen, kann man spüren, wie er ein immer schärferes Ohr für gewiss quasi absurde Sätze bekommt. Hierfür ein paar Belege: Ada von Stetter sagt zu Christine in *Zur schönen Aussicht*: *Ich bin nämlich eigentlich ganz anders, aber ich komme nur so selten dazu.*[147] Es ist ein Satz an de

Schwelle zur Absurdität und dennoch völlig real als Äußerung einer gescheiterten Existenz, Stenogramm einer Verzweiflung, und verrückt in genau dem Maße, wie die Figur, die ihn spricht, an sich selbst verrückt wird. Horváth hat ihn später wieder benutzt, in der drei Jahre danach entstandenen Posse *Rund um den Kongreß*. *Ich bin ja ganz anders, aber ich komme so selten dazu.*[148] Da sagt es Luise Gift zu dem Fräulein, das verkauft werden soll.

Noch andere Sätze kommen in beiden Stücken vor: *Man müßte den lieben Gott besser organisieren.* In *Zur schönen Aussicht* sagt es Christine, im *Kongreß* der Schminke. Hier ist die Duplizität aber vor allem Hinweis auf ein ganzes Zitier-Syndrom, auf eine Art Automatik von Argumentationen und Vorstellungswelt, die sich bei den Horváthschen Figuren immer wieder vollzieht. Es ist die merkwürdige Verquickung von liebem Gott und Geschäft, wie sie in mehreren Stücken sich findet:

In *Zur schönen Aussicht*:

Christine: Ich wäre noch gestern vielleicht gar ins Wasser gegangen, hätte mir nicht der liebe Gott geholfen.
Strasser: Was verstehst du unter «lieber Gott»?
Christine: Zehntausend Mark.[149]

In *Rund um den Kongreß*:

Ferdinand: Mir hat nämlich der liebe Gott geholfen.
Alfred: Was verstehst du unter lieber Gott?
Ferdinand: Zweitausend Mark.[150]

Das Muster bleibt das gleiche, auch wenn die Wortwörtlichkeit später nicht mehr gewahrt ist:

Leni: Es gibt einen Gott, und es gibt auch eine Erlösung . . . laß mich dich erlösen.
Karl: Du? Mich?
Leni: Ich hab viertausend Mark, und wir gründen eine Kolonialwarenhandlung.[151]

Und so hat dieser liebe Gott im wahrsten Sinne des Wortes schon ganz schön abgewirtschaftet, wenn Marianne in den *Geschichten aus dem Wiener Wald* Oskar den Verlobungsring ins Gesicht wirft und trotzig sagt: *Ich laß mir mein Leben nicht verhunzen, das ist mein Leben! Gott hat mir im letzten Moment diesen Mann da zugeführt.*[152]

Zu diesem Zitier-Universum, das den Jargon der Uneigentlichkeit ausmacht, gehört die Ansprechbarkeit der Figuren auf Reizworte. Mit der elektronischen Blitzgescheitheit eines Flipperautomaten reagieren sie auf gewisse Begriffe. Sie warten förmlich nur darauf, die zu verwenden, dazu etwas zu sagen, mit ihnen umzugehen. Auch hier wieder die Verbindung zum «Jargon der Eigentlichkeit», dem Adorno «eine bescheidene Anzahl signalhaft einschnappender Wörter»[153] nachsagt.

D e r   M e n s c h wird zum Schlüsselwort. D e r   M e n s c h ist das Paradebeispiel für die unheimliche Labilität der Figuren. Sie glauben, mit dieser Vokabel sich irgendeine Weltordnung zusammenbuchstabieren zu können, aber das Wort saugt sich voll wie ein Schwamm mit Ratlosigkeit, Trostlosigkeit, Verzweiflung. Immer wieder versucht jemand, das Gegenüber gleichsam beschwörend festzulegen, wie Luise Gift den Ferdinand: *Ich glaub, Sie sind ein guter Mensch* [154], worauf der den Hut zieht und *Danke* sagt. Umgekehrt sagt Leni in der *Italienischen Nacht* zu Karl: *Ich glaub gar, Sie sind ein schlechter Mensch.* Und der antwortet: *Es gibt keine schlechten Menschen, Fräulein. Es gibt nur sehr arme Menschen. Pardon!* [155] Und Elisabeth in *Glaube Liebe Hoffnung* sinniert: *Das seh ich ein, daß es ungerecht zugehen muß, weil die Menschen keine Menschen sind, aber es könnte doch auch ein bißchen weniger ungerecht zugehen.* [156] – Die Menschen sind halt wilde Tiere, jammert Karoline, und als ein Sanitäter abwinkt: *Sie werden es nicht ändern*, beharrt sie auf einem jener merkwürdigen *Trotzdems*, die für den Dialog so wichtig sind. [157]

Mir scheint, es gibt nur eine einzige Möglichkeit, den Menschen bei Horváth etwas präziser zu porträtieren: Menschen sind vor allem Männer. *Du brauchst einen Menschen, Karoline* [158], sagt der Schürzinger, als ihr auf dem Oktoberfest alle anderen Felle weggeschwommen sind. Er meint sich. Man muß dieses Menschheitsprivileg gar nicht groß extrapolieren, es wird gelegentlich ausgesprochen. *Wir Modernen haben gelernt, auch im Weibe den Menschen zu achten. Nur der M e n s c h zählt* [159] sagt der bankrotte Emanuel in der *Schönen Aussicht.* Und der Fleischergeselle Havlitschek gibt den durch Brutalität fast schon wieder schöner Satz von sich: *Die Weiber haben keine Seele, das ist nur äußerliches Fleisch.* [160] Und noch die Frauen selbst machen in dieser Argumentation unbewußt mit. Valerie, um den Zauberkönig mit seiner Tochter Marianne zu versöhnen, läßt sich folgende Exkulpation einfallen: *Schau, die Mariann – das ist doch kein böser Mensch, das ist doch nur ein dummes Weiberl – ein ganz armes dummes Weiberl –* [161]

Und diese Männermenschen bei Horváth sind mit Vorliebe traurig. Sie sind unübertrefflich in der Kunst, sich selbst leid zu tun. *Ich bin ein trauriger Mensch*, wehrt Kasimir ab, gibt dann aber zu, Pessimist zu sein, denn *Ein jeder intelligente Mensch ist ein Pessimist* [162], wie es auch schon der Zauberkönig war in den *Geschichten: Wenn ich mich so mit der Zukunft beschäftig, da wirds mir manchmal ganz pessimistisch.* [163] Und Ferdinand im *Kongreß* erinnert sich oft an sein erstes gebrochenes Ehrenwort, weil er *so gern melancholisch wird.* [164]

Traurigkeit, Melancholie, Pessimismus sind drei feste Bastionen zur Verteidigung der ebenso brutalen wie gefühllosen Egozentrik der Horváthschen Männer. Und daß dies alles männliche Tugenden sind, erklärt Karl der Leni in der *Italienischen Nacht* rundheraus: *Gerade als Mann darf man eher verzweifeln, besonders ich, weil ich den politischen Tagesereignissen näher steh.* [165]

In diesem Zusammenhang sollte nun auch kurz die Rede sein von einem der prominentesten Stichworte der Horváth-Interpretation der letzten Jahre, von der *Demaskierung des Bewußtseins*, einer Wendung, die Horváth in der *Gebrauchsanweisung* benutzt hat. Es gibt ja für jeden erfolgreichen jungen Dramatiker den Moment, da er, meist auf Drängen de

Öffentlichkeit, anfängt, über seine Stücke zu theoretisieren. Der Erfolg der Volksstücke, aber auch schon die ersten Mißtöne in Inszenierungen und Kritiken, veranlaßten Horváth dazu, sich auf einen Begriff zu bringen, von dem er so recht sich keinen machte. Die *Demaskierung des Bewußtseins* ist aber nur zu verstehen, wenn man sie nicht als ein Programm liest, sondern in dem Kontext, in den sie gehört. *Ja, ich stehe zur Satire absolut positiv. Ich kann gar nicht anders.*[166] So hatte Horváth im Interview mit Cronauer gesagt. Aber als nun *Kasimir und Karoline* als Satire auf das Oktoberfest begriffen worden war, verwahrt er sich: *Ich bin kein Satiriker, meine Herrschaften!*[167] Und in dieser Abwehrsituation führt er einen Ersatzbegriff ein, der seiner beobachtsamen Trocken-Sympathie für die Figuren eher entspricht. Denn er schreibt: *Keine Demaskierung eines Menschen, einer Stadt. Das wäre ja furchtbar billig! Keine Demaskierung auch des Süddeutschen natürlich – ich schreibe ja auch nur deshalb süddeutsch, weil ich anders nicht schreiben kann ...* Aber wenn er im folgenden definiert, was es mit dieser Demaskerade auf sich hat, bleibt es auch stilistisch im vagen: *Diese Demaskierung betreibe ich aus zwei Gründen: erstens, weil sie mir Spaß macht – zweitens, weil infolge meiner Erkenntnisse über das Wesen des Theaters, über seine Aufgabe und zu guter Letzt Aufgabe jeder Kunst ist folgendes ... die Leute gehen ins Theater, um sich zu unterhalten, um sich zu erheben, um eventuell weinen zu können, oder um irgendetwas zu erfahren ... Mit meiner Demaskierung des Bewußtseins erreiche ich natürlich eine Störung der Mordgefühle.*[168]

Die Mordgefühle derer, die nun, 1933, an die Macht kamen, konnte er nicht mehr stören.

Jetzt geh ich da so hin und her
Und her und hin und hin und her
und wieder her und wieder hin,
mich wunderts nur, daß ich noch bin,
bei alldem Her und Hin!

Die Plattform, das Podium Berlin entfällt für Horváth mit dem Beginn des Jahres 1933, mit der Machtergreifung Hitlers. Heinz Hilpert wird gezwungen, die Aufführung von *Glaube Liebe Hoffnung* abzusetzen. Horváth reist aus Berlin ab, fährt nach Murnau. Als das Haus seiner Eltern durchsucht wird, geht er über die Grenze nach Österreich, hält sich abwechselnd in Salzburg und in Wien auf. Im Herbst des Jahres reist er nach Budapest, um seine ungarische Staatsangehörigkeit zu erneuern; eine Formalität, die er dann in der Posse *Hin und her* glossieren wird. Am 27. Dezember heiratet er die Sängerin Maria Elsner in Wien (eine episodische Ehe, die schon im darauffolgenden Jahr wieder geschieden wird).

Anfang 1934 geht er mit dem frischen ungarischen Paß zurück nach Berlin. Die Merkwürdigkeit dieser Reise ist zu bedenken; eine eher treuherzige Version wird von den Biographen bis heute wiederholt: «Er plant ein Stück über den Nationalsozialismus und will diesen an Ort und Stelle studieren»[169], heißt es bei Kurt Kahl, und in der Zeittafel des Suhrkamp-Verlages, die Traugott Krischke erarbeitet hat, gibt es auch die Wendung: Horváth sei wieder nach Berlin gegangen, «um den Nationalsozialismus zu studieren»[170], wie wenn es sich dabei um eine Universitätsdisziplin gehandelt hätte. Man darf aber annehmen, daß Horváth sich über die Zwiespältigkeit, aber auch Gefährlichkeit und nicht zuletzt über den gewissen Zynismus seiner Unternehmung im klaren war. Seine Bücher waren verbrannt, er selbst im Umgang mit den Nazis ein gebranntes Kind, die Haussuchung in Murnau war keine beliebige Warnung – dennoch reist der Zweiunddreißigjährige seinen Widersachern entgegen. Und lebt, offenbar unbehelligt, dort fast ein Jahr lang, schreibt aber keineswegs ein Stück über oder gegen den Nationalsozialismus, sondern «gewinnt ... Anschluß an die Filmindustrie»[171]. Und er lernt in Berlin die junge Schauspielerin Wera Liessem kennen, mit der er Ende des Jahres Berlin und das Land verläßt.

Warum Berlin 1934? Die Frage wird hier nicht aus politischen Gründen gestellt, sondern als Versuch, «hinter» die poetische Verfahrensweise des Autors zu kommen. Horváth fuhr ganz offenbar eben nicht nach Deutschland, um den Nationalsozialismus zu studieren, den er ja am eigenen Leibe und Werke kannte, sondern er fuhr nach Berlin als in seine Stadt, in das Milieu seiner größten Erfolge, seiner intensivsten Arbeit; er fuhr nach Berlin in der Erwartung, daß Städte ja ihr Milieu, ihr Klima bewahren, in der Gewißheit, daß der Spießer, wie es der Titel seines Prosa-Bandes besagt, eben ewig sei, er fuhr nach Berlin, weil Wien ihn – als Resonanzboden fürs eigene Werk – enttäuscht hatte – er fuhr nach Berlin, weil er dort arbeiten zu können hoffte. Und die Desillusionierung muß gewaltig gewesen sein, denn die Stadt war ja noch da, aber der Geist – buchstäblich und leibhaftig – der Geist war aus ihr vertrieben, er fand nur noch ein Trivial-Berlin vor.

Von seinem Leben im Jahre 1934 gibt ein Brief Auskunft, den er am 16. September an Hans Geiringer schreibt: *Du machst Dir ja keine Ahnung, mit welchen Schwierigkeiten hier gefilmt wird, Zensur und drgl. – so, daß alle Leut den Kopf ständig mit Zores voll haben. — ... Bei meinen sonstigen Filmen geht alles durcheinander. Den «Kuß im Parlament» hat er (Goebbels) verboten, in Deutschland ist also damit nichts mehr zu machen. Vielleicht übernimmt ihn die amerikanische Fox, aber das ist nur sehr (dreimal unterstrichen) vielleicht!!! Ob ich den «Kean» mache, ist mir noch nicht ganz klar. Er soll erst Anfang April erscheinen, so hätte ich also noch Zeit. Zur Zeit arbeite ich am «Jux», alles andere ist noch in Schwebe.*[172]

Alles ist in Schwebe: dieser Satz ist zugleich ein Leitmotiv für die existentielle Situation Horváths und für die Grundstimmung der in diesen Jahren entstehenden Arbeiten. Ehe weiter auf biographische Details und Einzelwerke einzugehen ist, wäre die deutliche Veränderung im Schaffen Horváths, deren Ursache in der Zerstörung des Intellektualzentrums Berlin zu suchen ist, summarisch zu skizzieren. In Stichworten wäre diese Veränderung wohl so zu benennen: Horváths Stücke werden österreichischer in der Diktion, barocker in der Struktur, weniger welt-haltig und sie werden autobiographischer.

Es sind alles Stücke in Grenzsituationen, oft auch konkret im Grenzgebiet wie *Hin und her* oder wie der Anfang des *Figaro*. Es ist die Grenze, wie sie Horváth nun, in dem rigider werdenden Europa, mehrfach kennenlernen muß, er, der Dramatiker, der doch keine Grenzen anerkannte außer den Dialekten, er, der ohne Grenzen aufgewachsen war und sich wirklich als einen europäischen Geist empfinden konnte. An die Stelle des urbanen und vielfältigen Klimas der zwanziger, auch der frühen dreißiger Jahre tritt jetzt für Horváth ein permanentes Grenzgefühl, auch als das Bewußtsein, zwischen zwei Stühlen zu sitzen, zwischen zwei Ufern zu sein, wie in der Posse *Hin und her*. Auch *Himmelwärts* ist so ein Grenzstück, die Erde wird zum Interregnum zwischen Hölle und Himmel. Und die Unruhe kommt deutlich zu Wort: *Es ist ein Gefühl der Gehetztheit in mir, als tät ich mich teilen, in lauter viele kleine Teile teilen.*[173] Und so wie der Viadukt in *Der jüngste Tag* den Übergang von der realen und realistischen Welt in ein Jenseits bedeutet, so sind auch die Miniaturbilder im *Don Juan* lauter Grenzstationen zwischen Krieg und Tod, so wird auch von diesem Helden gesagt: *Er sieht sich wieder um, als würde ihn wer verfolgen.*[174]

Aber den Figuren fehlt nun meist der politische Drive, der soziale Hintergrund. Erst aus diesen Stücken ersieht man, wie präzise, wie historisch, wie psychoökonomisch genau die Menschen der Volksstücke geschildert waren. Sie hatten einen festen, wenn auch schwankenden Boden unter den Füßen, es waren durchaus und allesamt Zeitgenossen, Genossen von Wirtschaftskrise, Angestellten-Hölle, Oktoberfestbrutalitäten, Faschismusgefahr; die Jahre, in denen Horváth seine Volksstücke schrieb, haben deutlich an ihnen mitgeschrieben. Jetzt ist diese wie auch immer brüchige

Welt tatsächlich zusammengebrochen, den Figuren ist der Boden unter den Füßen weggezogen, und sie liegen herum wie Puppen, die nur noch von wenigen Fäden gehalten werden. Horváth, der ja kein großer Figuren-Erfinder ist, sondern sein Theater mit einem knappen Dutzend Gestalten bestritten hat, ist nun gezwungen, allein weiterzuspielen. Deshalb auch der Versuch, sich neue Halte zu verschaffen, literarische Bezüge wie den Don Juan, den Figaro, die Vorstellung eines dreigeteilten Kosmos, der Hinblick auf den Jüngsten Tag, die historische Szenerie im Dorf ohne Männer, die antike Katastrophensituation im Pompeji. Ersatzwelten treten an die Stelle der verlorenen wirklichen Welt.

Aber eine neue Figur gelingt dem Dramatiker in diesen Jahren, in diesen Stücken doch: Horváth entdeckt Horváth. Nicht mehr «die Welt, wie sie halt leider ist», tritt als der Held auf, sondern nun dauert den Autor etwas anderes: er sich selbst.

Daß Horváth als sein eigener Held in die Bresche springt, hat eine verblüffende Konsequenz: Er, der als Dramatiker immer für die Frauen Partei nahm oder doch ein Herz für sie hatte, oder doch zumindest die meiste Sympathie für sie zu wecken wußte [175], der die Männerwelt als das eigentlich Monströse hinstellte – und schließlich ist ja der Spießer ein masculinum –, Horváth wechselt nun die Fronten, verschiebt die Gewichte. Die Männer seiner späten Stücke werden mit größerer Mitleidenschaft, mit umsichtigerer Zärtlichkeit gezeigt, ja, sie sind alle mehr oder minder libidinös, autobiographisch besetzt. Man kann sogar sagen, daß aus einer Frauenwelt eine Männerwelt wird, und das heißt ein Männer-Martyrium. Das bedeutet etwas für Horváth geradezu Sensationelles: Männer sind auch Menschen, Männer können gut sein, Männer können sogar das werden, was bisher nur Frauen sein konnten: nämlich Opfer. Männer können auf einmal leiden, müssen verzichten, sind (seelisch) am Ende. Am ehesten war das vorgeprägt in *Kasimir und Karoline*: aber da hoben sich Mitleid und Selbstbemitleidung, Larmoyanz und Cleverness noch auf: immerhin war da eine ganz seltene Balance der Sympathien zu bemerken.

Das deutet sich nun schon in den Titeln an: *Don Juan kommt aus dem Krieg*, *Figaro läßt sich scheiden*, das zeigt sich schon in der Dominanz der Männerrollen in Stücken wie *Der jüngste Tag*, wie *Ein Dorf ohne Männer*. Das zeigt sich auch an der fast infamen Art, wie nun Frauen bei Horváth als Menge auftreten dürfen, so, wenn er in der Szenenanweisung zum *Don Juan* schreibt: *Personen: Don Juan und fünfunddreißig Frauen. Diese fünfunddreißig Frauen können nicht nur, sondern müssen auch von weit weniger Schauspielerinnen dargestellt werden, so daß also fast jede Schauspielerin mehrere Rollen zu spielen hat. Es sei dies nicht nur mit Rücksicht auf die Aufführbarkeit dieses Schauspiels festgestellt, sondern als Resultat einer alten Erkenntnis: es gibt nämlich keine fünfunddreißigerlei Frauen, sondern bedeutend weniger. Die gleichen Grundtypen kehren immer wieder und sollten daher auch auf der Bühne von den gleichen Frauen dargestellt werden . . .* [176] Aus den fünfunddreißig im *Don Juan* werden gleich dreihundert im *Dorf ohne Männer*, denn soviel Männer werden per Bittstellerei von ihnen angefordert: – *und die Frauen sagen, sie hätten die Männer dem König bloß geliehen, jetzt möge Euere Exzellenz sie ihnen zurückgeben, denn eine Hand wäscht die andere, und*

Maria Elsner

wenn der König noch weiter aus Selischtje Soldaten haben will, so müssen diese erst geboren werden, daher also —[177]

Aber auch, als dann, stellvertretend für dreihundert Häßliche, drei Schöne auftreten, haben sie merkwürdig schematische Namen: Die Blonde, die Rote, die Schwarze, und der König Matthias wird in die (wiederum entsagungsvolle) Rolle eines Paris gedrängt. Und in welchem früheren Horváth-Stück wäre dieser Satz aus dem *Jüngsten Tag* denkbar gewesen: *Ja, ja, die Herren Weiber, die bringen dich auf die Welt, und dich auch wieder um!*[178]

Dennoch läuft diese neue Rollenverteilung keineswegs auf etwas Misogynes, auf Weiberhaß hinaus. Indem Horváth den Mann zum Protagonisten der Zärtlichkeit macht, gelingt ihm, was er vorher fast immer nur denunziert hatte: die Humanisierung der irdischen Hölle, der Ehe. Man mag es eine Heimkehr zu Hofmannsthal, man mag es einen Rückfall zu Schnitzler nennen: in den schönsten Momenten gelingen dem Meister des Volksstücks nun: Kammerspiele.

Die Ehe wird auf eine ganz neue, bei Horváth bisher nicht zu findende Art problematisiert, das heißt ernstgenommen, ihres Vollstreckungscharakters (wie in den *Geschichten*) beraubt, und wo sie noch Hölle zu sein scheint, wie im *Jüngsten Tag,* da hat sich das Verhältnis gewandelt, da ist der Mann das Opfer, die Frau die Terroristin. Aber selbst hier versucht Horváth zu differenzieren: Wenn einerseits der unglückliche Hudetz immer wieder ein (nicht bloß taktisches) Wort für seine Frau einlegt, und wenn sie am Ende doch einen Anzug herausrückt, mit dem er fliehen könnte, dann ist das eine Geste, die nachträglich nicht nur die Figur, sondern auch das Verhältnis der beiden zueinander in ein neues Licht rückt.

Und noch etwas fällt an den späten Stücken auf: Der Tonfall wird österreichischer, er ist sichtlich bemüht, stärker auf das Wiener Publikum einzugehen; zahlreiche Austriazismen, die man in den Volksstücken der Berliner Zeit nicht findet, tauchen nun auf, die Sprache wird legerer, weniger diszipliniert. Hinzu kommt aber noch ein zweites: Horváths Sprache wird, im Nestroyschen Sinne, komischer, sie wird wortwitziger und ist mehr auf Komödienpointen aus. Ein Satz wie dieser wäre in einem der Volksstücke undenkbar: *Die feinzugespitzten Aperçus schlummern ja noch unter den Steinen, aus denen dereinst die Schulen gebaut werden.*[179] Auch den folgenden Komödiendialog hätte man früher bei Horváth vergeblich gesucht:

Statthalter: . . . Wie spät ist es denn schon?
Hofbeamter (sieht auf eine Sanduhr): Punkt halbfünf.
Statthalter: Geht der Sand nicht nach? [180]

Und ganz und gar nestroyisch sind viele Sätze in der Posse *Hin und her*, bis zu dem Satz: *Leben hin, Leben her, zuständig sans dort drüben.*[181]

Wie hautnah diese Posse auf Horváths Existenz paßt, war schon zur Uraufführung im Schauspielhaus Zürich am 13. Dezember 1934 nachzulesen. Im Programmheft stand: «Er packte gerade seinen Koffer, als wir ihn kennenlernten. Er hatte 15 Jahre im Ausland gelebt und mußte schleunigst nach Budapest fahren, um seine ungarische Staatsangehörigkeit nicht zu verlieren. Glücklicherweise war ihm das einen Tag vor Ablauf der 15 Jahre eingefallen . . . der Mann, der auf der Brücke bleiben muß, weil er sonst nirgends hin darf, ist schon beinah ein Symbol. – Ist beinah Horváth selbst, kofferpackend, pfeiferauchend und mit einer kleinen, höchst privaten Sehnsucht im Herzen . . .» [182] Nicht nur beinah, sondern schon *gefährlich tatsächlich.* Hier schreibt sich Horváth einen Teil seines Individualkummers über die neue Existenz vom Herzen, über eine Existenz, die keinen festen Anhalt mehr hat, sondern nur noch als Durchgangsstadium, als Zwischenzustand, als Überbrückung da ist. Fast alle Havlicekschen Klagen in diesem Stück sind als autobiographische Horváths zu lesen: *Also Schluß. Jetzt mag ich aber dann auch nicht mehr! Jetzt bleib ich dann auf der Brück! Jetzt werd ich aber dann auf der Brück schlafen, verstanden?! Bei Wind und Wetter und Sonne und Mond. Werdet es schon noch erleben, Ihr!!!* [183] Die Brücke ist auch das Nirgends, in das ihn der Grenzbeamte Konstantin verweist, als es kein Hin und Her mehr geben soll.

Havlicek (lächelt): «Nirgends» – Unfug. Man ist doch immerhin vorhanden.
Konstantin: Gesetz ist Gesetz.
Havlicek: Aber solche Gesetz sind doch unmenschlich.
Konstantin: Im allgemeinen Staatengetriebe wird gar oft ein persönliches Schicksal zerrieben.[184]

Und wie ein letzter Blick hinüber nach Berlin und auf jenes Deutschland, das ihm den entscheidenden Ruhm gebracht hat, liest sich der Gedanke: *Wenn man so weg muß aus einem Land, in dem man sich so eingelebt hat . . .* Und er ermannt sich aber auch zu dem Gruß, der in der ersten Strophe des glücklichen Finales steckt:

Daß ich das noch durft erleben,
Daß es solche reine Freunden gibt!
Plötzlich ist die Grenz gefallen,
Ich darf mit den andern allen
In der alten, niegekannten Heimat leben,
Die man ohne Grenzen liebt! [185]

Das Märchen *Himmelwärts* ist ein um neunzig Grad gedrehtes *Hin und her*. Was dort sich auf der Waagerechten abspielte, geht nun in der Senkrechten vor sich: Wanderungen zwischen Himmel und Hölle. Das «Auf und ab» hatte Horváth schon auf Manuskriptblättern neben den Titel *Hin und her* skizziert. Csokor hat nicht unrecht, wenn er am 20. November 1934 an Ferdinand Bruckner schrieb: «Horváth z i m m e r t eine Komödie ‹Himmelwärts›, er ist recht verbittert, weil er seit 1933, wo ihm Deutschland verschlossen ist, in Wien nur an kleinen Bühnen mit Zufallsensembles, die sich aus deutschen Schauspieleremigranten zusammensetzen, gespielt wird – und das sehr selten. Von den ausländischen Bühnen meldeten sich bisher nur Zürich und die Tschechoslowakei.» [186] Und es scheint als habe Horváth ein gut Teil seiner Verbitterung einfließen lassen in die höhnische Behandlung der Figur des Intendanten, der die kleine Sängerin Luise wochenlang im Vorzimmer warten läßt und sie erst entdeckt, als er dem Teufel eine neue Seele zuführen muß. Denn er selbst hat sich längst verkauft und muß sich vom Teufel sagen lassen: *Solche Leut hab ich gern! Zuerst schließt er einen Kontrakt mit mir, daß er mir seine unsterbliche Seele für fünftausend Jahr verkauft, wenn ich es ihm ermögliche, daß er zwanzig Jahr lang Intendant sein kann – dann wird ers trotzdem daß er ein total amusischer Mensch ist. Aber wie er jetzt den Kontrakt erfüllen soll, da schlägt er mit Händ und Füß um sich! Pfui!* [187] Und später muß der Intendant noch einmal diese Selbstbezichtigung von sich geben: *Kommt davon, wenn man seine unsterbliche Seele verkauft, um als amusischer Sterblicher eine künstlerische Persönlichkeit zu werden – wär ich doch nur der kleine unbegabte Statist geblieben, wie gerne wär ich verhungert, dann wär ich jetzt im Himmel.* [188] Und noch die trockene Bemerkung des Autogrammjägers

Brief Horváths
an Hans Geiringer

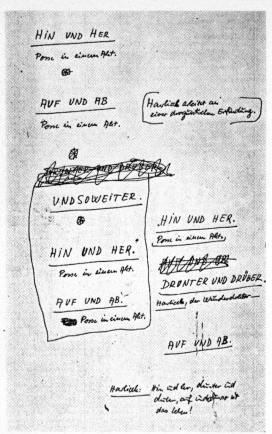

scheint ein Horváthscher Privatseufzer zu sein: – *es ist ein eigen Ding um den Erfolg: entweder kommt er oder er kommt nicht! Sehr eigen.*[189]

Es scheint auch, daß er mit der Figur der antichambrierenden Luise Erfahrungen porträtiert hat, die er nach seiner Heirat mit der Sängerin Maria Elsner und bei ihrer Übersiedlung nach Wien gemacht hat – Erfahrungen mit einer österreichischen Kulturbanausie, die sich's immer schon gerichtet hat und vor dem Risiko eines neuen Talents «dichthält».

Im übrigen ist das Stück von einer märchenhaften Trivialität, die deshalb sogar etwas Peinliches hat, weil der Begriff der «Hölle» im Jahre 1934 kaum mehr ganz unpolitisch gebraucht werden konnte. Karl Kraus hatte damals seine «Dritte Walpurgisnacht» geschrieben (wenn auch nicht veröffentlicht), und die Materialien, die er darin verwandt hat, waren auch Horváth vor Augen: Zeitungsmeldungen über den nationalsozialistischen Terror in Deutschland. Am Anfang des Stücks scheint Horváth auch noch einen Bezug zum Hitler-Regime herzustellen, wenn er den Teufel sagen läßt: *Ihr wollt Erhebung in der Höll', wo offiziell nur erniedrigt wird. Ah, das ist aber eine luxuriöse Vorstellungswelt.*[190] Aber wenn dann dieser Teufel eine «Ansprache an seine Höllenschergen» hält, dann wird, bei so viel Bierulk, die politische Arglosigkeit Horváths beinah makaber: *Ausnahmsweise bin ich mal mit euch nicht unzufrieden. Die Herren Verdammten werden vorschriftsmäßig gesotten, die Damen pflichtgemäß geröstet! Die Öfen in Weißglut, die spanischen Stiefel doppelt geabsatzt. Die Daumenschrauben in Reih und Glied, überall stinkst nach Pech und Schwefel – alles in Ordnung!*[191] Horváth bewegt sich da, offenbar ahnungslos, nicht zwischen Himmel und Hölle, sondern in jenem Grenzgebiet, wo die Gemütlichkeit immerzu aufhört.

Die Lebensumstände waren schwierig. Wera Liessem hat darüber berichtet: «In Wien war alles sehr schwer. Das Geld war knapp. Wir versetzten zeitweise alles, was wir hatten. Horváth versuchte es bei seinen Verlegern und bekam Vorschuß für ein neues Stück. Zu diesem Zweck hatten wir vor, an die Riviera zu fahren ... Aber in San Remo, wo er das Stück zu gebären versuchte, war das Klima ungeeignet. Durch das Berliner Filmgeschreibe war Horváth etwas verwirrt, der Stoff und der Vorschuß machten ihn fertig. Ohne rechtes Ergebnis fuhren wir wieder zurück. Die Finanzen waren nun völlig durcheinander. Und das Stück war gegen seine Art mehr erzwungen als wirklich gut.»[192]

Der Titel *Mit dem Kopf durch die Wand* bezeichnet, sicherlich nicht ohne Selbstironie, Dramaturgie und Verfertigungsweise dieser Komödie, die Horváth selbst als entschieden mißlungen betrachtete, wenn er später schrieb: *Einmal beging ich einen Sündenfall. Ich schrieb ein Stück «Mit dem Kopf durch die Wand», ich machte Kompromisse, verdorben durch den neupreußischen Einfluß und wollte ein Geschäft machen. Es wurde gespielt und fiel durch.*[193]

Dies ist eine etwas wirre, possenhafte Angelegenheit aus der Filmbranche oder über den Versuch, in dieser Branche zunächst einmal auf einen grünen Zweig zu kommen. Eine Gruppe teils junger, teils abgetakelter arbeitsloser Schauspieler versucht, einen Filmboss, den Generaldirektor Semper, für ein Filmprojekt zu gewinnen. Wieder steht die Unbekannte aus der Seine im Hintergrund – von dieser rätselhaften Figur soll der Film handeln. Damit nun aber der Routine-Blick des Filmmannes neu geschärft wird, hat man statt einer simplen und wahrscheinlich müßigen Vorsprech-Szene eine Séance arrangiert, und die unbekannte junge Schauspielerin «erscheint» als die herbeibeschworene Unbekannte, sozusagen: Die Unbekannte auf der S z e n e als Unbekannte aus der S e i n e. Der Direktor glaubt an den Spuk, obwohl sein Assistent der (zunächst nichtsahnende) Freund der jungen Schauspielerin ist und später seinen Boss zu warnen versucht. Der glaubt so lange daran, bis ihm am Schluß die Wahrheit nicht mit Löffeln, aber mit Tellern, die die Darstellerin in einem Nebenzimmer schmeißen darf, förmlich um die Ohren geschlagen wird.

Horváths Zitierlust hat hier beinah banausische Dimensionen angenommen: denn der Filmstoff, von dem hier die Rede ist, geht zurück auf ein eigenes Stück: *Die Unbekannte aus der Seine.* Geschrieben 1933, nach einer Vorlage von Hertha Pauli, geschrieben aber auch in der Erinnerung an den *Mord in der Mohrengasse* ist es eines seiner schemenhaftesten Werke, merkwürdig in der Schwebe zwischen Volksstück-Situationen und den späten Arbeiten, und unter den von ihm so genannten Komödien sicher die traurigste. Es ist eine Mordgeschichte – ein Uhrmacher wird in seinem kleinen Laden mit einem Wecker erschlagen –, und es ist die Geschichte einer sich aufopfernden Liebe: die Unbekannte, auch sie eine aus der großen Zahl der Fräuleins, eine Verwandte der Elisabeth, verschafft dem Mörder ein Alibi: sie sei die ganze (Mord-)Nacht mit ihm zusammen gewesen. Aber als er zurückfindet in das, was er bisher als sein tägliches Glück angesehen hat, in die «praktische» Verbindung mit der Blumenhändlerin Irene, als er das *neue Leben*[194] gar nicht will, da geht sie hinab, da geht sie ins Wasser und macht wahr, was er, vor ihrer Güte sich grausend, ihr gesagt hatte: *Ich glaub du bist der Tod.*[195] Aber wie er den Mord nun nicht mehr begangen haben wird, so begeht er fortan seine Ehe: eine lebenslängliche Untat. Der Unbekannten, deren Totenmaske inzwischen «im Handel» ist, läßt er einen Nachruf sprechen: *Neulich hat mal wer gesagt, diese arme Seele war wahrscheinlich nur ein Menschenkind, gut und böse, fromm und verdorben, wie das eigene Leben – aber meiner Meinung nach ist das ein Engel gewesen . . .*[196]

Die Komödie «Figaro läßt sich scheiden», so kommentiert Horváth selbst, beginnt einige Jahre nach Beaumarchais «Hochzeit des Figaro». Trotzdem habe ich es mir erlaubt, das Stück in unserer Zeit spielen zu lassen, denn die Probleme der Revolution und Emigration sind erstens: zeitlos, und zweitens: in unserer Zeit besonders aktuell. Unter der in dieser Komödie stattfindenden Revolution ist also nicht die große Französische von 1789 gemeint, sondern schlicht nur eine jegliche Revolution, denn jeder gewaltsame Umsturz läßt sich in seinem Verhältnis zu dem Begriff, den wir als Menschlichkeit achten und mißachten, auf den gleichen Nenner bringen . . .[197]

Horváth macht sich da zum Fürsprecher jener humanitären Gesinnung, die auch Figaro in seinem letzten Satz ausspricht: *Jetzt erst hat die Revolution gesiegt, indem sie es nicht mehr nötig hat, Menschen in den Keller zu sperren, die nichts dafür können, ihre Feinde zu sein.*[198] Natürlich ist das kein revolutionärer Satz, auch kein konterrevolutionärer, er klingt von ferne nach dem «Sozialismus mit menschlichem Gesicht», aber hinter seiner Menschenfreundlichkeit steckt auch ein gut Teil an ahistorischer, an unpolitischer Naivität. Denn wenn schon die Französische Revolution nicht gemeint ist, so mußte im Jahre 1936 – das Stück ist durch Briefe Csokors genau datierbar – ein Autor, der seine «Bekanntschaft» mit dem Nationalsozialismus gemacht hatte, immerhin wissen, daß sich der deutsche Faschismus als «nationale Revolution» begriff, daß also zumindest Sätze wie dieser auf Hitlers Tausendjähriges Reich bezogen werden konnten und mußten: *Drüben herrscht ja die Hölle! Sie können sich das gar nicht ausmalen, selbst in ihrer kühnsten Phantasie, meine Herren! Lauter Verbrechen, Raub und Mord und* – dies konnte im Jahre 1936 nicht mißverständlich sein, und dies mußte von Horváth gemeint

sein, auch wenn er vorher schon einmal die Himmel-Höllen-Kontraste bemüht hatte mit der Witzelei – *ich komme aus einer Hölle, danke dem
Himmel für meine Errettung und werde wie ein Verbrecher behandelt.*[199]

Aber nicht als politische Benotung sind diese kritischen Anmerkungen
zu verstehen, sondern als Hinweis auf die dadurch entstandene dramaturgische Grundverstörung: Die ständige Hin- und Hergerissenheit (des
Autors wie des Zuschauers) zwischen der Figaro-Welt (eben der großen
Französischen Revolution) und jener Machtergreifung, der Horváth und
viele andere ihren Emigrantenstatus zuschreiben mußten. Horváth ko-
kettiert einerseits dauernd mit Anspielungen auf Beaumarchais und Da
Ponte und Mozart, also auf eine ganz und gar wünschbare Revolution
(im kleinen), und andererseits zielt er auf Hitler-Deutschland. Um es
pointiert zu sagen: Das Stück leidet darunter, daß die vier, die über die
Grenze fliehen, gleichzeitig aus dem Frankreich des Jahres 1789 und aus
dem Deutschland des Jahres 1933 (oder 1936) fliehen (ein bißchen auch
aus dem Rußland 1917), einmal also vor den Postulaten «Freiheit,
Gleichheit, Brüderlichkeit», einmal vor den Konzentrationslagern. Für die
Figur des Grafen mag das noch auf eines hinauslaufen, nämlich auf
schieres Überleben, aber für den Figaro sind das zwei völlig verschiedene
Positionen. Horváth motiviert denn auch Figaros, des Beinah-Revolutio-
närs, Mit(weg)läufertum aus Liebe und Treue zur Susanne; da geht dann

aber die Dramaturgie des Stückes doppelt in die Brüche, wenn nun auch die Ehe in die Brüche geht. Daß Figaro heimgekehrt (später kommen Susanne und der Graf nach, die Gräfin ist nicht g e -, sondern v e r schieden) zum Schloßverwalter ernannt wird (also zum neuen Grafen), hat einen etwas süßlichen Operetteneffekt, der die Dialektik des Heimkehrens eher beschwichtigt als sie aufhebt, und das Stück endet mit einer Gebärde des «Seid nett zueinander».

Was Horváths *Figaro* dennoch faszinierend, ja rührend und gewinnend macht ist die Problematik des Exils, des Heimwehs, der notgedrungenen Emigration. Auch hier wieder porträtiert Horváth eigene Situationen, Notlagen, Ärgerlichkeiten, und es klingt wie irgendein Zuruf, den er erfahren hat, wenn der zurückgebliebene Pedrillo dem heimkehrenden Figaro sagt: *Ein Emigrant ist immer ein Hergelaufener und hat auch kein Zuhause, denn er hat es verraten.*[200]

Die Uraufführung war am 2. April 1937 in Prag. Aber es war kein großer Theaterabend; das Stück wurde «im Rahmen der literarischen Abende der Kulturverbandesfreunde auf der Kleinen Bühne des Deutschen Theaters» in der Regie von Arnold Marlé und im Bühnenbild von Frank Schultes vorgestellt. Prag war auch «Schauplatz» der Uraufführung der Komödie *Ein Dorf ohne Männer;* ein knappes halbes Jahr nach dem *Figaro,* am 24. September 1937, kam es am Neuen Deutschen Theater in Prag in der Inszenierung von Max Liebl heraus.

Handschriftliche Titel-Änderung von Horváth

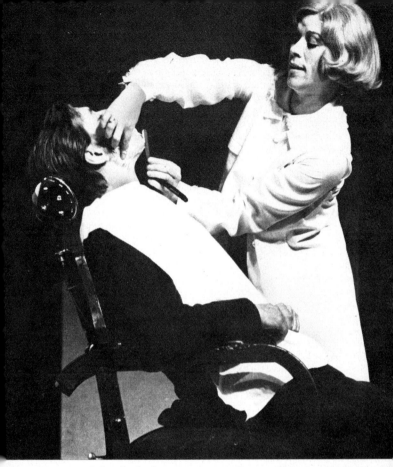

Szene aus «Figaro läßt sich scheiden» (Dagmar von Thomas, Toni Berger), Schloß-park-Theater, Berlin-Steglitz, 1971

Vor der Premiere machte Horváth sein Publikum mit folgender Andeutung neugierig: *Es ist ein historisches Lustspiel und spielt am Hofe des ungarischen Königs Matthias Corvinus während der Türkenkriege. Es schildert Anfang und Ende, Voraussetzung und Auswirkungen einer mittelalterlichen Korruptionsaffäre ... mit und ohne Kritik. Ein braver König weigert sich, seine tapferen Soldaten in ein männerloses Dorf zwecks Geburtenhebung zu entsenden, weil die Frauen von abscheulicher Häßlichkeit sind. Mit Hilfe einer List gelingt aber doch das Vorhaben zumindest teilweise. Mehr möchte ich vor der Premiere nicht sagen.*[201]

Aber die Komödie hat viel mehr naiven Charme, als diese trockene Ankündigung vermuten läßt: Sie erzählt einerseits die Geschichte eines jungen, guten Königs, der in seinem korrupten Land wenigstens eine Art von Ordnung schaffen will; dann führt sie die Posse mit den drei Schönen vor, zusammen mit der dazugehörigen Romanze; und am Ende ist es wieder die Geschichte einer schwierigen Ehe, die einem guten Ende (will sagen: Neuanfang) zugeführt wird: Der Graf von Hermannstadt, eifersüchtig und umtriebhaft, hat seine Frau jahrelang auf der heimischen Burg festgehalten; nun gelingt es ihr durch eine List, zu der Dreier-Delegation der Frauen zu gehören, die der König sich hat kommen lassen, um zu prüfen, ob er es wirklich dreihundert seiner ausgedienten Soldaten zumuten kann, dort das zu treiben, was man wohl Bevölkerungspolitik nennt. Aber gerade sie, die Blonde aus dem «Muster», wie Horváth die Abordnung nennt, gewinnt das Herz des Königs und verbringt die Nacht mit ihm, wenn auch nicht im Bett, so doch im Park. Der Graf, davon hörend, wird rasend vor Eifersucht, will den Palast stürmen, sich gegen den König wenden, wird aber festgenommen und in den Keller geworfen. Und da kommt er aus der Rage in einen Liebesrausch; ein Lakai berichtet, was er von sich gibt: *Lauter ungereimtes Zeug! Sein Weib sei eine Hexe, aber er liebe sie trotzdem, er hätt sie ja immer geliebt und würde sie auch immer lieben, selbst noch in der Höll, trotzdem sie nur Unheil brächt, die Pest, den Krieg, den Tod etcetera – etcetera!* [202] Der König, der dem Grafen den Tod angedroht hatte, weil die drei Schönen gar nicht aus Selischtje und schon gar nicht repräsentativ für die Weiber von Selischtje waren, erfährt erst jetzt, daß seine Favoritin die Frau des Grafen ist, und mit ein paar großmütigen Selim-Bassa-Gebärden ist alles wieder in Ordnung: *Es kommt nicht darauf an, ob man einer verfluchten Rasse angehört, es kommt darauf an, daß man Rasse hat. Lebt wohl, Gräfin von Hermannstadt! Und wenn Euch Euer Gatte wieder einsperren möcht, dann kommt nur zu mir, ich hör Euch an, denn es ist wichtig, daß es der Frau gut gehe – schließlich seid Ihr Frauen ja immerhin die größere Hälfte meines Volkes. Lebt wohl, Graf und Gräfin von Hermannstadt!* [203] Und recht behält der durchtriebene Bader, der mitten im Stück einmal vor Begeisterung ausgerufen hatte: *Also das ist ein Märchen, meiner Seel, ein Märchen!* [204]

Und noch ein drittes Stück hatte im Jahre 1937 seine Uraufführung, so daß man auch von dem «tschechischen Jahr» Horváths gesprochen hat. Im Deutschen Theater in Mährisch-Ostrau brachte Paul Marx am 11. Dezember das Schauspiel *Der jüngste Tag* heraus.

Unter den Werken, die in den letzten fünf Lebensjahren Horváths entstanden sind, nimmt dieses Stück insofern eine besondere Stellung ein, als es weder in den Zusammenhang der Komödien gehört noch auch in den der Volksstück-Nacharbeiten wie *Die Unbekannte aus der Seine*, wie *Don Juan*, wie noch der *Figaro*. Dies Stück nennt sich zwar ein Schauspiel in sieben Bildern, aber es ist, genau besehen – so etwa von Wilhelm Emrich und Herbert Gamper –, der ehrgeizige Versuch eines klassischen Trauerspiels, das dramaturgische Unternehmen, eine schuldlose Schuld vorzuführen, Verstrickung herzustellen, mit einem Wort: tragische Dialektik auf die Bühne zu bringen. Schon in seinem frühen Volksstück *Die*

Applaus für «Ein Dorf ohne Männer». In der Mitte: Horváth. Uraufführung im Neuen Deutschen Theater, Prag, 24. September 1937

Bergbahn hatte Horváth ein Unglück zum Anlaß für das Drama genommen, aber damals war das noch genau eingepaßt in ein soziales Schema, dem auch eine Portion Natur zugemutet wurde. Nun aber entsteht ein Eisenbahnunglück – beinah schon eine Katastrophe, mit achtzehn Toten – aus nichts als einer momentanen Unachtsamkeit, aus einem Augenblicksversäumnis wird eine Ewigkeitskatastrophe: es sei denn der jüngste Tag, nach dem das Stück heißt, bräche bald an.

Und selbst das Versäumnis ist beinah keines: Der Stationsvorsteher Thomas Hudetz, alleiniger Bahnhofsbediensteter und Signalwärter auf einer kleinen Station an einer großen Bahnstrecke, hat ein Signal um eine Sekunde zu spät gestellt, so daß zwei entgegenkommende Züge, anstatt einander abzuwarten, aufeinander geprallt sind. Diese kleine Verspätung aber war nicht seine Schuld, sondern die eines jungen koketten Mädchens namens Anna, die später, am Ende des Stückes, sagen wird: *Er hat das Signal vergessen, weil ich ihm einen Kuß gegeben habe, aber ich hätt ihm nie einen Kuß gegeben, wenn er nicht eine Frau gehabt hätte, die er nie geliebt.*[205] Der Mann kann, wenn die Katastrophe passiert, nichts «dafür», und überlastet ist er auch noch auf seinem Einzelposten: *Weil immer nur abgebaut wird. Die werden noch so lange rationalisieren, bis überhaupt nix mehr fahren wird.*[206]

Und nun erst wird das Stück zu einer wirklichen Eisenbahn-T r a g ö- d i e. Hudetz und Anna verstricken sich in Lügen, gegen die die eifer- süchtige und hysterische Frau Hudetz nicht ankommt. Das Signal sei rechtzeitig gestellt worden, sagt Anna, und zögernd, nachdem Hudetz vier Monate in Untersuchungshaft gesessen hat, schenkt man ihrer Aus- sage Glauben. Er wird freigelassen, vom Dorf und im Wirtshaus von An- nas Vater als Märtyrer und Held des Ortes gefeiert: hier ist Horváth noch einmal eines seiner großen Lokalfresken gelungen, eines der makabersten dazu, weil der Tanz, der da ihm zu Ehren stattfindet, nur einer auf dem Vulkan ist. Als Anna mit Hudetz endlich einmal sprechen, bei ihm Schutz suchen will, schickt er sie ängstlich wieder in den Saal, und sie sagt: *Ich geh schon, ich geh schon, ich geh ja noch zu Grund.*[207]

Denn die Rettung, die beide sich ersehnt hatten, erweist sich nun als die wahre Zerstörung. *Hörens her,* sagt der Hudetz bei einem Stelldich- ein am nächsten Abend, *ich war jetzt vier Monate allein, in Einzelhaft, nur mit mir selbst persönlich und da hatt ich reichlich Gelegenheit, mich mit meiner inneren Stimme zu unterhalten, zu jeder Stunde . . . Wir ha- ben viel miteinander dischkutiert . . .*[208] Und Anna sagt: *Mein Leben ist plötzlich anders geworden – ich habe mir nichts dabei gedacht, aber jetzt ist alles anders, und wenn die Nacht kommt, dann hab ich die Sterne ver- gessen. Unser Haus, Herr Vorstand, ist kleiner geworden . . . alle sind mir so fremd geworden, mein Vater, die Leni, und alle, alle, – nur Sie nicht, Herr Vorstand . . .*[209] Sie küssen sich; Herr Hudetz wird die Be- gegnung später als seine Verlobung mit Anna bezeichnen; aber er hat sie getötet.

Das fünfte und sechste Bild bewahrt noch den Realismus eines Stückes, das einen Kriminalfall schildert: aus dem gefeierten Hudetz ist ein Ver- dächtiger geworden, aus dem halbherzigen Triumphator ein Verfolgter; man sieht ihn im Gespräch mit der Kellnerin im Wirtshaus, man sieht ihn abgehetzt um einen neutralen Anzug bitten im Hause seines Schwa- gers, wo auch seine Frau Zuflucht gefunden hat: als die beiden sich durchgerungen haben, ihm zu helfen, winkt er ab, tritt ab, geht seinem Schicksal entgegen.

Aber nun, im siebenten und letzten Bild, durchbricht Horváth den Realismus des übrigen und bringt das Stück in Bereiche der Metaphysik oder der barocken Allegorie. Der Viadukt ist auf einmal nicht mehr nur Bahnbrücke, sondern die Spanne vom Tod zum Leben, der Weg ins Jen- seits, ein Stück Transzendenz. Diesem Jenseits strebt nun Hudetz zu, in selbstmörderischer Absicht, während die irdischen Verfolger, der Gen- darm, der Wirt und der Fleischergeselle Ferdinand, hinter ihm her sind: *Sich selbst richten, also das gibts nicht. Das laß ich nicht zu. Das wär ja zu einfach.*[210] Aber das Sich-selbst-Richten sieht für Hudetz ganz anders aus: *Und wenn ich vor Gericht gestellt werde, dann möcht ich aber gleich vor die höchste Instanz.* Hier auf dem Viadukt, im Zwischenbereich ge- wissermaßen, kommen aber nach den lebenden Verfolgern die Toten: der

Szene aus «Der jüngste Tag» (Albine Bauer, Emerich Exner). Uraufführung im Deutschen Theater, Mährisch-Ostrau, 11. Dezember 1937

tote Lokomotivführer Pokorny und ein ebenfalls verunglückter Gleiswärter. Pokorny versucht Hudetz zum Selbstmord zu bewegen, er lockt mit der Totenwelt: *Bei uns? Friedlich, sehr friedlich! Weißt, wie in einem stillen ländlichen Wirtshaus, wenns anfängt zu dämmern – draußen liegt Schnee und du hörst nur die Uhr – ewig, ewig – liest deine Zeitung und trinkst dein Bier und mußt nie zahlen –* Aber auch Anna ist plötzlich da, als Schutzengel, sie schreit ihn an: *Oh glaub es mir, es ist furchtbar, wo wir hier sind! Bleib, bleib leben, du! ... Bleib leben, du! Bleib leben!* Und der Zug – derselbe wie damals – donnert vorbei, ohne daß er für Hudetz zum Schicksalszug geworden wäre. Der Schluß ist von einer etwas angestrengten Doppelbödigkeit; Hudetz liefert sich dem Gendarmen aus; er weiß jetzt: *Die Hauptsach ist, daß man sich nicht selber verurteilt oder freispricht,* aber zugleich möchte er den Vorgang wie beim Jüngsten Gericht instrumentiert wissen: *Hudetz horcht plötzlich auf: Still! Er lauscht. Waren das jetzt nicht Posaunen?* [211]

1937/38

Um die gleiche Zeit (1936/37) ist auch *Don Juan kommt aus dem Krieg* entstanden, ein Stück, das zu Lebzeiten Horváths nicht mehr auf die Bühne kam. Es faßt am deutlichsten frühe Motive und späte Stimmungen zusammen, Inflationsvakuum und die Heimatlosigkeit der dreißiger Jahre. Horváth schlägt programmatisch einen Bogen von der Heimkehrersituation zur Heimatlosigkeit seiner unmittelbaren Gegenwart: *Scheinbar gehört zwar auch dieser Don Juan bereits der Vergangenheit an, denn er starb während der Inflation 1919–23, also in einer Zeit, in der sich, auch im banalsten Sinne des Wortes, alle Werte verschoben haben. Es ist aber, wie gesagt, nur eine scheinbar vergangene Zeit, denn, von einer et-*

was höheren Warte aus gesehen, leben wir noch immer in der Inflation, und es ist nicht abzusehen, wann sie zu Ende gehen wird. Und wieder einmal beschwört Horváth die Verbindung von Diesseitigkeit und Metaphysik, von Sinnlichkeit und Ideal: *Der Don Juan sucht immer die Vollkommenheit, als etwas, was es auf Erden nicht gibt. Und die Frauen wollen es ihm, und auch sich selbst, immer wieder beweisen, daß er alles, was er sucht, auf Erden finden kann. Das Unglück der Frauen ist, daß sie einen irdischen Horizont haben – erst, da sie schaudernd ahnen, daß er nicht das Leben sucht, sondern sich nach dem Tode sehnt, schrecken sie von ihm zurück. Die tragische Wirkung Don Juans ist, daß er seine Sehnsucht immer wieder vergißt oder verhöhnt, und so wird er zum zynischen Opfer seiner Wirkung, aber nicht ohne Trauer.*[212]

Aber nicht ohne Trauer – das ist ein Schlüsselwort nicht nur für diese Gestalt, nicht allein für dieses Stück, es gilt auch für den Totentanz des gesamten Werkes. Während aber früher das melancholische Element oft etwas Provokatives, Groteskes hatte und eine antimelancholische Funktion, wird hier Trauer zu Grundierung, wird hier ein Abschieds-Reigen vorgeführt: Der Kriegsheimkehrer Don Juan, ein anderer Kragler, ein anderer Sladek, ein anderer Hans Castorp (wer weiß?) kommt wieder ins Leben zurück, in den Lebensbetrug. Und er begegnet immer neuen Frauen – wenn Horváth richtig gezählt hat, sind es fünfunddreißig –, und er erlebt allenfalls Liebesgeschichten, keine Liebe mehr. Er erlebt das Panorama einer Inflationswelt aus emanzipierten und lustlos-lesbischen Kunstgewerblerinnen, aus verarmten Professorenwitwen und deren sanft-revolutionären Töchtern, aus karikaturistischem high life, er erlebt die Schieberwelten, aber in Wirklichkeit erlebt er nichts: er bewegt sich in einem Abschieds-Reigen. Am Ende stirbt er, der Feurige, unter rieselnden Schneeflocken, als Schneemann, auf einem Friedhof.

Er stirbt am Grab seiner Braut; er stirbt an einer Sehnsucht, die als Todessehnsucht sich erwiesen hat letzten, verletzten Endes. Eine unter den vielen, die er verlassen hat, aber die einzige, die er hat wiederfinden wollen. Denn im Krieg ist ihm widerfahren, was Thomas Mann im «Zauberberg» seinem Hans Castorp als trockene Womöglichkeit nachsagt: «Augenblicke kamen, wo dir aus Tod und Körperunzucht ahnungsvoll und regierungsweise ein Traum von Liebe erwuchs. Wird auch aus diesem Weltfest des Todes … einmal die Liebe steigen?»[213] Und so kommt der Horváthsche Don Juan aus dem Krieg, mit der Existenzfrage: *Ich will es jetzt sehen, was mich so sehr an sie band, daß ich mich an nichts binden konnte – was bindet mich denn noch? Ich weiß es ja gar nicht mehr, wie sie aussieht!* Aber die Braut ist tot, mitten im Krieg gestorben an gebrochenem Herzen. *Sie wollte sterben. Es hatte jemand kein Verantwortungsgefühl für sie, ein Schuft. Können Sie noch beten?*[214]

Wieder einmal verfügt Horváth Stille.

Das letzte Jahr Horváths ist gekennzeichnet von starkem Arbeitsdrang und tiefer Skepsis, von großen Vorsätzen und einer selbstzerstörerischen Distanziertheit gegenüber dem bisherigen Werk, das er nicht mehr gelten lassen will. Im Nachlaß findet sich eine Notiz unter dem Stichwort *Die Komödie des Menschen*. Dort heißt es: *Es ist vielleicht grotesk, in einer Zeit, die wie die, in der ich lebe, unruhig ist, und wo niemand weiß, was morgen sein wird, sich ein Programm im Stückeschreiben zu stellen. Trotzdem wage ich es, obwohl ich nicht weiß, was ich morgen essen werde. Denn ich bin überzeugt, daß es nur Sinn hat, sich ein großes Ziel zu stecken. Zur Rechtfertigung und Selbstermunterung. – So habe ich mir nun die Aufgabe gestellt, frei von Verwirrung die Komödie des Menschen zu schreiben, ohne Kompromisse, ohne Gedanken ans Geschäft. Es gibt nichts Entsetzlicheres als eine schreibende Hur. Ich geh nicht mehr auf den Strich und werde unter dem Titel «Komödie des Menschen» fortan meine Stücke schreiben, eingedenk der Tatsache, daß im ganzen genommen das menschliche Leben immer ein Trauerspiel, nur im einzelnen eine Komödie ist.*[215]

Wie fragwürdig diese Notiz ist, wieviel sie auch verrät von gestörter Selbsteinschätzung, geht daraus hervor, daß Horváth von seinen bisherigen Werken nur eines der schwächsten, *Ein Dorf ohne Männer*, diesem Zyklus zuschreibt. Weitere Pläne heißen *Die Pythagoräer* und *Die Diadochen* – Hinweise dafür, daß er sich antike Szenerien und Motive vorgenommen hat. Ausgeführt von den Vorsätzen ist allein ein Stoff, der wieder, wie bei Horváths ersten Arbeiten, in zwei Fassungen vorkommt: einmal als *Ein Sklavenball*, zum andern als *Pompeji, Komödie eines Erdbebens in sechs Bildern*. Das zweite Stück wird offenbar Ende Juli 1937 abgeschlossen; ein Brief vom 10. Juli an den Verleger Marton weist auf diesen Termin hin.[216]

Einer der zentralen Sätze kommt in beiden Stücken, annähernd gleichlautend, vor. In der Pompeji-Fassung heißt er, und klingt wie eine Frage Horváths und wie eine makabere Vorwegnahme seines eigenen Schicksals: *Schrecklich ist manchmal das Walten der Götter, rätselhaft ihr Urteil, unfaßbar für einen irdischen Richter. Oh Jupiter, allmächtiger, hehrer Sohn der Rhea, höchster Gott, aus dessen Händen Reichtum, Hoffnung, Heil entströmt – warum erschlägst du das Recht mit deinem Blitz und läßt das Unrecht triumphieren? Sagt, Götter, was habt ihr vor mit meiner Welt?!*[217]

Bei einem Vergleich beider Stücke läßt sich nicht nur das dramaturgische Geschick Horváths in der späteren Fassung erkennen – aus einer eher singspielhaften Fassung ohne größere Komplikationen ist nun eine wirbelig-dramatische Geschichte geworden, aus der Erlösungsromanze, bei der der Sklave Toxilus mit Hilfe eines Gaunertricks die schöne Hetäre Lemniselenis freikauft und zu seiner Frau macht, eine ziemlich durchtriebene Intrige –, bei einem Vergleich beider Fassungen spürt man geradezu brüsk die zunehmende Melancholie Horváths, merkt man deutlich, wie er den vorher idyllischen Charakteren, vor allem der schönen jungen Frau, auf einmal Gift und Galle in die Adern spritzt, wie er ihr die schlichte Gegenliebe des *Sklavenballs* austreibt und die Friedfertigkeit auch der Gauner-Figuren nicht mehr zuläßt: Ein Autor besieht sich eine frühere Arbeit, und er hat inzwischen den bösen Blick bekommen.[218]

Im übrigen aber ist dieses letzte Lebens- und Arbeitsjahr Horváths nicht das eines Stückeschreibers, sondern das des Prosaisten. In relativ kurzer Zeit entstehen die zwei Kurz-Romane *Jugend ohne Gott* und *Ein Kind unserer Zeit.* «Es wird hier ungeheuer fleißig gearbeitet – kaum daß man zum Schwimmen kommt»[219], berichtet Csokor Anfang August 1937 aus Henndorf bei Salzburg – da hat Horváth das erste Buch schon abgeschlossen, bei Allert de Lange in Amsterdam untergebracht und nun schreibt er, gewissermaßen, in einem Atemzug weiter. Etwas von solcher Rapidität, von solcher Getriebenheit, von Skizzenhaftigkeit ist beiden Büchern eigen.

Man hat Spekulationen darüber angestellt, warum Horváth nun plötzlich so entschieden sich der Prosa zugewandt hat, und es bietet sich als plausible Erklärung an, daß es eine Notlösung gewesen sei, weil die großen Bühnen nicht mehr zur Verfügung standen, weil der Dramatiker keinen Spielraum mehr gehabt hat. Dafür spricht auch der Satz, den Ulrich Becher von Horváth überliefert hat: … *das Stückeschreiben ist für uns Spielschreiber deutscher Sprache vorderhand sinnlos geworden, weil wir kein Theater mehr haben, das uns bringt.*[220] Wie alle plausiblen Erklärungen ist auch diese in Zweifel gezogen worden, und auch das nicht ohne Plausibilität: Denn gerade das Jahr 1937 war, wie geschildert, ein wenn auch in jeweils kleinem Rahmen höchst erfolgreiches Bühnenjahr für Horváth: Nimmt man noch die Matinee-Vorstellung von *Himmelwärts* am 5. Dezember in Wien hinzu, so konnte der Autor vier Uraufführungen verbuchen. Ob es doch der Vereins-, der Provinzcharakter dieser Produktionen war, die Horváth dem Theater entfremdet haben? Ob ihm die Gesellschaft, in der er lebte, schon zu disparat war, schon vorkam, als wär's ein Stück von ihm, so daß er es nicht mehr schreiben mußte? Nun sitzt er da im Jahre 1937 und verfaßt Romane, als wüßte er, daß es einen Wettlauf mit dem Tode gilt.

Immer aber hat Horváth neben den Stücken auch Prosa geschrieben, und gelegentlich entwickelte sich die Dramatik aus Prosa-Skizzen. Von den *Sportmärchen,* die in den zwanziger Jahren entstanden, ist schon ausführlich die Rede gewesen, ebenso von einigen Erzählungen, die um die Gestalt des Fräuleins kreisen, sowie vom *Ewigen Spießer.* Daneben aber gibt es eine ganze Reihe höchst skurriler Geschichten, von denen die frühen an Roda Roda oder Peter Altenberg erinnern, wie *Die gerettete Familie, Vom kleinen Beamten, Der Tod aus Tradition* oder *Mein Onkel Pepi.* Andere, wie *Großmütterleins Tod* (ein durch Zugluft hervorgerufener Todesfall) weisen auf Motive der Stücke (hier *Geschichten aus dem Wiener Wald*) hin.[221] Einige umfangreichere Prosa-Arbeiten, die in der Ausgabe der *Gesammelten Werke* zum erstenmal (aus dem Nachlaß) publiziert worden sind, lassen sich schwer datieren. Vermutlich im Umkreis der Anna Pollinger-Arbeiten ist der *Roman einer Kellnerin* mit dem vorläufigen Titel *Charlotte* begonnen worden, in dem einige der bittersten Horváth-Sätze vorkommen. Wieder einmal ist vom lieben Gott die Rede, aber ohne alle Sentimentalität:

Ich weiß nicht, ob Gott ihr das alles verziehen hat. Fest steht, daß er irgendwie auf Charlotte verärgert gewesen sein mußte, denn mit acht Jahren ist sie in der Schule durchgefallen und bekam Dyphteritis. Gott hat sie fast zu sich genommen, aber der gute Arzt, Herr Dr. Müller, hat es nicht zugelassen. Er hat mit dem Serum Kochs mit Gott gekämpft. Gott sprach: Mein Gott, jetzt erfinden sie sogar Serums, wie soll das enden? Jetzt gibt es schon keine Cholera mehr, keine Pest in zivilisierten Gegenden. Nur gut, daß sie die Syphilis noch nicht ganz heilen können. Und er bestimmt den Erzbischof von Prag, der sprach: Man darf nicht gegen die Krankheiten kämpfen, sie sind Gottes Prüfungen. Wenn einer heult, laßt ihn heulen. Wenn einer Geschwüre hat und Knochenfraß, so helft ihm nicht, denn warum hat er sich mit dem Fräulein Kitty Mesalka abgegeben? Wie? – Aber die Welt wurde immer ungläubiger, und Gottes Stimme drang nicht in die Laboratorien. Sie machte Halt vor der Klinik. – Später kam Gott auf eine sehr gute Ausrede. Er sagte, er hätte es sich überlegt. Die Dyphterie sei ab heute eine Harmlosigkeit. Aber die Menschen sollten nur nicht zu frech werden, denn zum Beispiel Zuckerkranke sind immer noch unheilbar. Gott ersann immer neue Bazillen. Seine Erfindungsgabe ist göttlich. Aber der Mensch wehrte sich: je nach Geldbörse. Und Gott sprach: Es werde Krieg! Und es ward Krieg. Und Gott sah, daß es gut war . . .[222]

Krieg ist auch eines der Stichworte des Romans *Jugend ohne Gott*, den Horváth offenbar im Frühjahr 1937 relativ zügig niederschreibt und der schon im Herbst des Jahres bei Allert de Lange in Amsterdam erscheint und ein großer Erfolg wird. Ein junger Lehrer wird von einem erfahrenen Kollegen ins Gebet genommen: *. . . es ist meine Pflicht, Sie darauf aufmerksam zu machen, daß sich derlei nicht wiederholt. Sie vergessen das geheime Rundschreiben 5679u/33! Wir müssen von der Jugend alles fernhalten, was nur in irgendeiner Weise ihre zukünftigen militärischen Fähigkeiten beeinträchtigen könnte – das heißt: wir müssen sie moralisch zum Krieg erziehen. Punkt!*[223] Horváth porträtiert hier, aus der knappen Distanz des Salzburger Landes (Henndorf) eine merkwürdige Mischung aus Nazi-Deutschland, vorfaschistischem Österreich und seinen älteren literarischen Schauplätzen. Und er greift für dieses Buch zurück auf einen dramatischen Entwurf *Der Lenz ist da!*, der die Konfrontation einer jugendlichen Bande irgendwo in einer ärmlichen bäuerlichen Gegend mit einer städtischen Schulklasse zum Thema hatte. Horváth intendierte, wie er im Untertitel schreibt, ein *Frühlingserwachen in unserer Zeit*[224]. Auch hier schon das Stichwort Krieg: Die Lehrerin einer Mädchenklasse klärt den Gendarmen auf: *Die Mädchen werden heutzutag auch für das allgemeine Wohl erzogen . . . Zucht und Disziplin. Abhärtung und Sport. Glaubt nur ja nicht, daß in einen Krieg nur ihr Männer ziehen werdet – wir Frauen ziehen mit.* Der Gendarm wiegelt ab: *Ich bin gar nicht so scharf auf den nächsten Krieg.*[225]

Was *Jugend ohne Gott* von früheren Arbeiten abhebt (und was auch offenbar den Erfolg dieses kleinen Romans begründet hat) sind zwei Merkmale: einmal die für Horváth seltene, festgefügte, präzis konstruierte Fabel, zum andern die Direktheit des Erzählens. Horváth führt den Lehrer nicht nur als Ich-Erzähler ein; nicht nur als Berichterstatter; der

Leser wird gewissermaßen in ein Selbstgespräch hineingezogen (*Denk nicht so dumm, herrsch ich mich an* [226]).

Und dies passiert: Der junge Lehrer geht mit seiner Klasse auf eine Osterfahrt, die nicht so sehr der Erholung als der «Ertüchtigung» der jungen Leute dienen soll. Unter den Jungen ist der N., Sohn aus reaktionärem Elternhaus, der in einem Aufsatz böse Worte gegen die Neger geschrieben hat (*Alle Neger sind hinterlistig, feig und faul*), der intelligente, sensible Z. und der kalte, schleichende, beobachtende T. Zwischen diesen dreien spielt sich dann das Drama ab, das mit zwei Toten enden wird. N. und Z. sind im selben Zelt untergebracht, es entspinnt sich sofort eine elementare Feindschaft. Z. führt heimlich ein Tagebuch, das er strikt unter Verschluß hält. Der Lehrer, durch merkwürdige Diebstähle im Lager unsicher und außerdem Zeuge eines nächtlichen Rendezvous zwischen Z. und einem fremden Mädchen geworden, bricht, halb aus pädagogischer Fürsorge, halb aber auch aus Neugier, dessen Tagebuch auf. In den Verdacht, das getan zu haben, gerät aber der Zeltkumpan N. Kurz darauf wird N. tot im Wald aufgefunden. Das Mädchen und Z., der sie schützen zu müssen glaubt, werden angeklagt. Z. kommt relativ glimpflich davon. Erst allmählich dämmert dem Lehrer, daß der Täter der Schüler T. war, ein Junge mit Fischaugen, ein kalter Spionierer. T., vom Lehrer und anderen Schülern in die Enge getrieben, nimmt sich das Leben. Der Lehrer denkt nach:

Er kannte keine Schauer, denn seine Angst war nur Feigheit. Und seine Liebe zur Wirklichkeit war nur der Haß auf die Wahrheit. Und während ich so rede, fühle ich mich plötzlich wunderbar leicht, weil es keinen T. mehr gibt.

Einen weniger.

Freue ich mich denn?

Ja!

Denn trotz aller eigenen Schuld an dem Bösen ist es herrlich und wunderschön, wenn ein Böser vernichtet wird!

Und ich erzähle alles. [227]

Die Problematik dieser Passage ist die Problematik der Figur, und deren Problematik wieder macht die des ganzen Buches aus; denn Verfolger ist ja nicht nur der junge T., sondern der Erzähler selbst: es bleibt, trotz aller Faszination, ein ziemlich trüber Nachgeschmack bei der Lektüre zurück. Bezeichnend aber ist wohl, daß Horváth sich in jener Zeit nicht mehr «jung» fühlen mochte, daß er eine Trennung spürte von den jungen Leuten. Ulrich Becher hat folgende Episode Horváths überliefert: *Ich machte neulich mit zwei Bekannten eine Bergtour. Wir kehrten in eine Almhütte ein; meine Begleiter bestellten Bier, und ich bestellte einen Enzian. Ich hörte die Kellnerin sagen: «Für die beiden jungen Herren Bier, für den Dicken den Enzian.» Da merkte ich, daß ich nicht mehr jung war.* [228]

In dem ebenfalls 1937 geschriebenen Roman *Ein Kind unserer Zeit* fehlt die schlüssige, kompakte Fabel, wiederum benutzt Horváth die Technik des Ich-Erzählers, die hier noch stärker (und wohltuender) als Rollenprosa kenntlich wird; die kritische Distanz ist größer geworden.

Diese Erzählung hat stark episodischen Charakter. Horváth reiht Szenen, Empfindungen, Motive, Schauplätze früherer Arbeiten aneinander;

Lydia Busch

aber das ergibt nicht nur eine lockere Stationen-Collage, sondern auch regelrechte Unstimmigkeiten, etwa wenn der Soldat von sich sagt: *Denn ich bin fast unser Jüngster*, dann aber von den sechs Jahren Arbeitslosigkeit spricht, die er hinter sich habe. Das ist die Crux: Horváth will einerseits den neuen Typ des Soldaten im totalitären Staat schildern (und es gelingt ihm fast etwas wie die Vorwegnahme des Borchertschen Unteroffiziers Beckmann), er kommt aber andererseits nicht los von den Biographien seiner früheren Leidenshelden, den Arbeitslosen um 1930, den Abgebauten. Indem er beide Erfahrungen einer Figur einzuverleiben sucht, entsteht eine merkwürdig wirre Existenz. Deutlicher noch als in *Jugend ohne Gott* zielt hier Horváth aber auf Hitlers Regime. Der Soldat räsoniert fast wie zehn Jahre vor ihm Sladek: *Es war eine Zeit, da liebte ich mein Vaterland nicht. Es wurde von vaterlandslosen Gesellen regiert und von finsteren überstaatlichen Mächten beherrscht. Es ist nicht ihr Verdienst, daß ich noch lebe. Es ist nicht ihr Verdienst, daß ich jetzt marschieren darf. Es ist nicht ihr Verdienst, daß ich heute wieder ein Vaterland hab. Ein starkes und mächtiges Reich, ein leuchtendes Vorbild für die ganze Welt! Und es soll auch einst die Welt beherrschen, die ganze Welt! . . . Den nächsten Krieg gewinnen wir –. Garantiert!* [229]

Der Soldat wird, als er seinem Hauptmann zu Hilfe eilen will, am Arm verwundet; es ist eine jener Verletzungen, die mit der Zeit immer schlimmer werden. Er sucht die Witwe des Hauptmanns auf und verbringt mit ihr eine melancholische Nacht; er sucht seine heimliche Liebe und findet sie so wenig wie Don Juan seine Geliebte gefunden hat. Und er endet, wie Don Juan, als Schneemann auf einem Friedhof. Und als er nicht mehr für sich sprechen kann, wendet der Autor sich direkt an den Leser, vor allem an die Jungen:

Vergiß ihn nicht, vergiß ihn nicht!
Denn er gab seinen Arm für einen Dreck.

Und wenn du ganz groß sein wirst, dann wirds vielleicht andere Tage geben, und deine Kinder werden dir sagen: dieser Soldat war ja ein gemeiner Mörder – dann schimpf nicht auch auf mich. Bedenk es doch: er wußt sich nicht anders zu helfen, er war eben ein Kind seiner Zeit.[230]

Nun, zu Beginn des Jahres 1938, ist auch Österreich nicht mehr sicheres Terrain. Die Freunde Horváths gehen weg aus Wien: Mehring nach Zürich, Csokor nach Polen. Horváth folgt einer Einladung von Lajos von Hatvany nach Ofen. Das ist im März. Im April fährt er zu der Schauspielerin Lydia Busch nach Teplitz-Schönau, wo er nur kurz bleiben will, dann aber doch den Monat über bis Anfang Mai sich aufhält. Sie berichtet, nicht ohne eine gewisse Distanziertheit: «Er kam nach Teplitz und fühlte sich scheinbar recht zuhause. Ich erinnere mich, ihn oft gesehen zu haben, wenn er von seinen Wanderungen nach Hause kam, Mantel offen, nachlässig, verträumt, immer konzentriert. Ich fragte ihn einmal: ‹Haben Sie schon etwas gearbeitet?› und er las mir drei oder vier Sätze vor, von einem Schiff, traurig, seltsam, wie alles, was er schrieb . . . und das war das Resultat von Wochen . . . Denken . . .»[231]

Diese Sätze von Lydia Busch sind nicht so sehr als privates Album-Blatt interessant, sondern weil sie offenbar eines der interessantesten Fragmente so datieren, wie man es bisher nicht für möglich gehalten hat. Es geht um das Roman-Fragment *Schlamperl* (auch als *Himmelwärts* annonciert), das bisher eher in die Nähe der Jahre um 1930 gerückt worden ist. Aber das «Schiff, traurig, seltsam», scheint jenes zu sein, das sich der arme, wieder mal abgebaute Christian Schlamperl erwirbt, oder jenes, dem er begegnet und mit dem er ins Reich der Narren entführt wird, und von dem es heißt, es sei *ein seltsames großes Schiff.*

Schlamperl war, ehe er auf seine Abenteuer-Reise ging, Kellner, wie Charlotte, Kellner wie der Vater des Soldaten aus *Ein Kind unserer Zeit.* Und ehe er aufbricht, sieht es so um ihn herum aus: *Kurz: es waren furchtbare Jahre, die Fabriken standen still, die Hochöfen waren ausgeblasen, die Bergwerke waren still, im Hafen verrosteten die schönsten Schiffe, die Geschäfte wurden geschlossen, die Wohnungen standen leer, weil sie keiner mehr bezahlen konnte und die Leute verhungerten und erfroren auf der Straße.*[232]

Und im Reich der Narren wird wieder ein Krieg vorbereitet. *Und eines Tages klebten Plakate an den Wänden: «Krieg! Die Wilden wollen uns unseren Gott nehmen, und das lassen wir uns nicht bieten! Krieg!» Und die Minister hielten Reden, aus jedem Fenster eine und sagten, der Krieg erhebe, und der Kriegsminister sagte: «Sagen Sie dem lieben Gott: wir werden ihn beschützen!» Und der König zeigte sich auf seinem Balkon und alles schrie «Hurrah!» und geriet in einen Taumel der Begeisterung. Und alles wurde Soldat. Auch Schlamperl . . .*[233]

Zu dieser späten Datierung paßt auch ein Avis an den Leser, das sich in einer anderen Fassung findet, ähnlich wie das, mit dem Horváth den

Ulrich Becher

Roman *Ein Kind unserer Zeit* beendet. Da heißt es: *Der Verfasser will dieses Buch schreiben für Leute, denen es schlecht geht – die sollen es lesen, und falls sie aber überhaupt nichts mehr lesen wollen, was verständlich ist, dann sollen sie es sich vorlesen lassen. Falls sie aber auch nichts mehr hören wollen, dann werden sie aber auch nicht lachen über dieses Buch, und dann sollen sie es gar nicht lesen. Nach wie vor gilt dem Verfasser als höchster Spruch: Gegen Lüge und Dummheit. Werdet aufrichtig, erkennt euch selbst! Nehmt euch nicht zu ernst, es steht euch weder an noch gut.*[234]

Umständlich, wie um die Stationen seiner Kindheit noch einmal zu passieren, reist Horváth über Budapest, Jugoslawien, Triest, Venedig, Mailand nach Zürich. Ulrich Becher hat berichtet: «Er war auf einem weiten Umweg in die Schweiz geflohen . . . doch sein saloppelegant geschnittener grauer Flanellanzug wirkte frischgebügelt wie eh und je; er schien nichts eingebüßt zu haben an seiner wolkenhaften Gelassenheit. Er war fast ohne Gepäck. Seinen neuen Status, den des Emigranten, ins Kalkül stellend, mietete er ein sehr bescheidenes Stübchen nahe dem Bellevue Zürichs, über dem von einem Italiener bewirtschafteten Restaurant Terminus. (Der zauberkünstlermäßige Name des Restaurateurs, Baldini, sagte ihm zu.)»[235]

Und Becher berichtet von einem Ausflug in den Kanton Schwyz, in eine idyllische Ländlichkeit, wo Horváth sofort sich zu Hause gefühlt und erklärt habe: *Hier werde ich mich häuslich niederlassen, wenn ich aus Holland zurückgekommen bin, und meinen nächsten Roman schreiben.* Und immer wieder habe er von Abschied gesprochen: *Heute ist alles ein großes Abschiednehmen, meine Damen und Herren.*[236]

In diesen späten Tagen ist offenbar auch einer der schönsten und elegischsten Texte Horváths entstanden; er findet sich in einem (fiktiven) Briefwechsel mit dem Bruder Lajos, und auch hier ist das Thema des Reisens, des Wegfahrens, der Weltsehnsucht wieder verarbeitet. Dieses Stück heißt *Probefahrt in die Kinderzeit* und darin heißt es:

Er wollte nicht weit, gewissermaßen nur um die Ecke der Zeit, in die Tage der Kindheit, denn dort schien es ihm schön gewesen. Ja, der Garten der Kindheit hängt voller goldener Äpfel, aber das Gold ist nichts wert, denn man kann sie essen. Und die Bäume sind höher, die Plätze weiter, die Straßen länger, die Blumen größer, der Schnee weicher – und das alles wird noch viel schöner in der Erinnerung. Der Schnee fällt sanfter, und die Pferde können sprechen, die Hunde denken und die Blumenbeete werden zerstört. Die Lehrer werden harmlos, die bösen Parkaufseher personifizierte Engel, alle Gefahren verschwinden, lösen sich auf in wehmutvoller Erinnerung. – Es war ein grauer Herbstmorgen, naß und voll Nebel, als der Onkel zu seiner ersten Probefahrt startete. Und als er nun Gas gab, da schien der Nebel noch dichter zu werden, er sah garnichts mehr, nur eine dicke gelbe Wand vor sich, wie Lehm. Das Auto schien sich in die Luft zu erheben, als rollte die Erde unter ihm weg, so ein Gefühl hatte er. Er fuhr wie durch Watte. Der Zeitgeschwindigkeitszähler stand auf siebzig Lichtkilometer, auf dem Schaltbrett flammte es auf, grün und gelb, blau – und dann rot. Da hielt das Auto mit einem Ruck, die Sonne brach durch, als wärs aus den Wolken gefallen. Und es stand am selben Fleck. Nur sah der Fleck anders aus . . .[237]

James Joyce

EXKURS: DER INNERE DIALOG

Die letzte Erzählung aus den «Dubliner»-Geschichten von James Joyce heißt «Die Toten», und sie schließt mit den Sätzen: «Es hatte wieder zu schneien begonnen. Er beobachtete schläfrig die Flocken, silbern und dunkel, die schräg zum Lampenlicht fielen ... Ja, die Zeitungen hatten recht: Schneefall in ganz Irland. Schnee fiel überall auf die dunkle Zentralebene, auf die baumlosen Hügel, fiel sacht auf den Bog of Allen, und weiter gen Westen, fiel er sacht in die dunklen aufrührerischen Wellen des Shannon. Er fiel auch auf den einsamen Friedhof oben auf dem Hügel, wo Michael Furey begraben lag. Er lag in dichten Wehen auf den krummen Kreuzen und Grabsteinen, auf den Speeren des kleinen Tors, auf den welken Dornen. Langsam schwand seine Seele, während er den Schnee still durch das All fallen hörte, und still fiel er, der Herabkunft ihrer letzten Stunde gleich, auf alle Lebenden und Toten.»[238] In Horváths *Don Juan*, dessen letzter Akt den Titel *Der Schneemann* trägt, spricht der sterbende, auf einem Friedhof im Schnee versinkende Titelheld seine tote Geliebte mit diesen Worten an: *Ist dir kalt, wenn es schneit? Soll ich zu dir kommen? – Ja, ich werde dich immer suchen, als würdest du leben ... Du hältst mich? Hast mir noch was zu sagen? – Was hat dir denn der Schneemann getan? ... Schlag nur zu, morgen ist er eh hin – es wird immer wärmer. – Adieu, Schneemann.*[239]

«Dubliners» ist 1914 zuerst erschienen; *Don Juan* ist Mitte der dreißiger Jahre entstanden, zwischen beiden Texten liegen etwa zwanzig Jahre. Nicht daß Schnee als Symbol des Todes verwendet wird, macht die Parallele so interessant, sondern die aufregende Intensität, die Hautnähe, mit der der Schnee in beide fiktive Situationen einfällt, die Toten-Stille. Bei Joyce ist es ein einschneiendes, von Flocken zugewehtes und sanft unterm Schnee versinkendes Universum, bei Horváth ein Mensch, der sich in einen Schneemann verwandelt und dahinstirbt. Auch die groben Inhalte beider Stücke sind analog: In den «Toten» ist es die schöne Frau Gabriels, die ihren früh verstorbenen Geliebten, Michael Fury, beweint. Sie berichtet, wie er, schon todkrank, sie doch noch einmal, vor ihrer Abreise nach Dublin, besucht hat: «Ich flehte ihn an, sofort nach Haus zu gehen und sagte ihm, er würde sich im Regen den Tod holen. Aber er sagte, er wolle gar nicht leben.»[240] Und Don Juan, der seine große Geliebte, seine wahre Braut sucht, erfährt dies: *Nein, das arme Fräulein ist ganz von allein gestorben – sie hatte nur einen großen Schmerz und weinte Tag und Nacht, aber plötzlich fing sie an zu lachen, und dann lachte sie Tag und Nacht.*[241]

Die Frage kann nicht sein, ob Horváth Joyces «Dubliners» gekannt hat (die Übersetzung von Georg Goyert erschien 1928); über die Lesegewohnheiten Horváths ist so wenig bekannt, daß alles Spekulation bliebe. Was die Ähnlichkeit beider Arbeiten im Gegenteil aufschlußreich macht, ist, daß hier eine merkwürdige Spur sichtbar wird: Etwas, das nicht mehr nur die Analogie von Thematik und Motiv wäre, auch mehr als eine literarische «Verwandtschaft», sondern eine europäische «Zwie-Sprache», ein fast makaberer Akkord europäischer Randlandschaften, Übereinkunft von Exzentrizitäten. In den Zusammenhang irischer Literatur hat zuerst Ernst Wendt Horváth gebracht; in einem noch unveröffentlichten Aufsatz hat er Arbeitsweise von Horváth und O'Casey untersucht; die Naivität beider Dramatiker und ihre Technik der Brüche, des jähen Wechsels von Lachen und Weinen, die Verwendung der Sprache des Volkes. Joyce und Horváth sollen sich hier nun keinen «Vergleich» gefallen lassen wie vor Gericht, noch soll einer auf Kosten des anderen aufgewertet werden. Aber es sollen ein paar gemeinsame Züge zumindest zur Diskussion gestellt

Ursula Siller als Elisabeth in «Glaube Liebe Hoffnung».
Schaubühne am Halleschen Ufer, 1970

sein. Die Sprachlandschaft, in der Horváth geboren worden ist, und die zumindest noch seine frühen Kinderjahre mitbestimmt hat, war, wie wir gesehen haben (s. S. 12 f) auch für Joyce von großer Wichtigkeit. Auch die Art, wie beide Autoren sich ihr Material, gewissermaßen wie Geld, das auf der Straße liegt, beschafften, die Hellhörigkeit für Floskeln und Kuriositäten, die Aufmerksamkeit auf die sprachlichen Abfälle des Alltags, ist ähnlich. Ulrich Becher hat beschrieben, wie Horváth das Klima der kleinen Wiener Kaffeehäuser liebte und brauchte: «Er pflegte um 6 Uhr morgens vor einem der am zeitigsten öffnenden Kaffeehäuser Wiens zu warten, bis er Einlaß fand, dann setzte er sich an ein Tischchen aus falschem Marmor und schrieb ... ein noch vom letzten Abend verstunkenes Kaffeehaus zur Morgenstunde, eines von jener Dünstung schwärendes, durch die sich ein Wiener Kleinbürger-Café von allen anderen Gaststätten der Welt unterscheidet, galt ihm als anregendstes Arbeitsmilieu.» [242] Etwas Ähnliches hat über Joyce sein Bruder Stanislaus geschrieben: «Von sämtlichen Erzählungen, die in den ‹Dublinern› stehen, schätzte mein Bruder, wie er angab, diesen ‹Efeutag› am höchsten. Was meinen Anteil daran anbelangt, so hatte ich über dieses Komiteezimmer mit seinen Stimmenwerbern und Besuchern, mündlich wie schriftlich, mit ausgesprochen säuerlicher Abneigung berichtet. Nie war mir zu Sinn gekommen, daß sich aus all diesen vielen Facetten des Unrats Material für eine Geschichte ergeben könnte. Ich hatte gedacht, daß diese Dubliner Typen nicht nur für die Literatur, sondern für die Menschheit schlechthin unterhalb jeglichen Interesses lägen, es sei denn für ganz abgehärtete Besserungsvereine. Noch weniger war mir eingefallen, daß man, indem man eine Erzählung daraus macht – im Geist der Distanziertheit, und mittels eines Stils von ‹peinlich gewissenhafter Vulgarität› – sich die Seele vom Ansteckungsstoff solcher Erlebnisse frei machen und sie, von höherer Warte aus mit Duldsamkeit, ja selbst mit Mitgefühl, betrachten könne.» [243]

Aber die entscheidende Versuchung dafür, beide Autoren in einem Atem zu nennen, liegt darin, daß sie zwei analoge Techniken in die Literatur eingeführt haben: Joyce den inneren Monolog, Horváth den inneren Dialog, der überall da stattfindet, wo der Dramatiker das Gebot «Stille» erläßt. Daß diese Behauptung, auf den ersten Blick, etwas Paradoxes hat, sei sogleich konzediert: Die Bewußtseinsströme des inneren Monologs sind alles andere als Zeugnisse der Stille, sondern eher Wortkaskaden, Conférencen der Seele, Sprachrausch. Aber da es Sprache ist, die einem Individuum nicht von den Lippen, sondern (bloß) durch den Kopf geht, bleibt dieser einzelne stumm, still, nicht einmal einsilbig. Träte er auf der Bühne auf, er hätte nichts zu sagen. – Und umgekehrt ist auch die Stille, die Horváth gebietet, ja nur nach außen hin sprachlos. *Bitte achten sie genau auf die Pausen im Dialog, die ich als «Stille» bezeichne – hier kämpft das Bewußtsein oder Unterbewußtsein miteinander, und das muß sichtbar werden.* [244] Während es in der Prosa wortselig zugeht und auf der Bühne wortlos, während anscheinend entgegengesetzte Dramaturgien benutzt werden, geschieht dennoch beide Male dasselbe; die Außenhandlung wird – vorübergehend – in die Innenwelt verlegt – *aber das muß sichtbar werden*. Man sieht, bei Joyce lesend, bei

1938

Horváth zuschauend, Menschen «in sich gehen».

Ein Beispiel mag andeuten, was bei Horváth passiert: In *Glaube Liebe Hoffnung* gibt es folgenden Dialog zwischen dem Schupo Klostermeyer und der Elisabeth:

Schupo: Man darf die Hoffnung nicht sinken lassen.
Elisabeth: Das sind Sprüch.
  Stille.
Schupo: Ohne Glaube Liebe Hoffnung gibt es logischerweise kein Leben.
  Das resultiert alles voneinander.
Elisabeth: Sie haben leicht reden als Staatsbeamter in gesicherter Position.
Schupo: Wir müssen doch alle mal sterben.
Elisabeth: Hörens mir auf mit der Liebe!
  Stille.[245]

Zweimal wird hier der Dialog, der den Beginn einer Liebe, oder doch eines Verhältnisses, anzeigt, durch den Hinweis *Stille* unterbrochen, oder vielmehr: fortgesetzt. Die erste Stille tritt ein, nachdem Elisabeth dem Schupo mit der Bemerkung *Das sind Sprüch* gewissermaßen das Wort, das eine Redensart ist, abgeschnitten hat. Aber die Stille signalisiert hier, daß dem Gesagten eine Unterströmung von Unausgesprochenem innewohnt oder folgt, daß die Skepsis des Einwands unterlegt ist mit der geradezu leidenschaftlichen Sehnsucht nach einem Widerruf. Die Stille besagt, daß die Sprüch eben doch keine sein möchten; sie ist schon ein Teil einer Hoffnung, die man eben doch nicht sinken lassen darf, oder will.

Noch deutlicher wird die Funktion der Stille im Anschluß an den Seufzer: *Hörens mir auf mit der Liebe.* Zunächst einmal bekommt das Wort «Liebe», das ja kaum als ein Apropos auf den Satz *Wir müssen doch alle mal sterben* gelten kann und auch auf das entlegenere *Ohne Glaube Liebe Hoffnung ...* sich so pointiert nicht berufen kann, die Gelegenheit zur Resonanz; es steht auf einmal, fast isoliert, in einem (Zeit)Raum. Und wiederum widerruft die Stille den Wortlaut, kehrt ihn um; macht aus der Verwünschung den Wunsch, und in diesem Fall mehr noch als bloß einen Wunsch: Schon auch die Ahnung, daß die Liebe, mit der er ihr aufhören soll, anfängt, daß die Abwehr keine mehr gegenüber der Redensart war, sondern eine gegenüber dem eigenen Gefühl.

Die Stille kehrt in einem ebenso lautlosen wie dramatischen und widerspruchsvollen Prozeß den Inhalt des Satzes um; er wird geradezu umgedreht wie ein Agent, und die Pause hat so lange zu dauern, bis die Umkehrung deutlich geworden ist. In diesem Sinne hat Horváth in der *Gebrauchsanweisung* schreiben können: *Unter dramatisch verstehe ich nach wie vor den Zusammenstoß zweier Temperamente – die Wandlungen usw. In jeder Dialogszene wandelt sich eine Person. Bitte nachlesen.*[246]

Es ist kein Widerspruch zu unserer These, wenn sich in den Vorarbeiten zu *Glaube Liebe Hoffnung* auch ein ausgeführter Monolog der Elisabeth findet, der hier zitiert sein mag:

Jetzt werden es bald acht Monate, daß ich abgebaut worden bin – und da hab ich aus meinem Zimmer herausmüssen und hab hernach meine Brosch versetzen müssen – und hab bei einer Freundin gewohnt, mit der ich mich nicht vertragen habe, aber ich habe den Kopf nicht hängen lassen. Und dann bin ich herumgelaufen und es hat geheißen, daß es besser wird und daß es wieder eine Stellung geben wird, auch ohne daß man alles ändert und zusammenschlägt. Aber es ist keine Stellung gekommen und man hat auch nichts zusammengeschlagen, aber ich habe den Kopf nicht hängen lassen.

Und die Leut waren ruhig und sind still geworden, und den einen habens eingesperrt – und die Kathi hat angefangen, sich abzugeben – und wenn ich die vielen Stellungsuchenden in der Zeitung gelesen hab, dann hat es mir einen Riß gegeben, aber ich hab den Kopf nicht hängen lassen.

Und in der Zeitung ist gestanden von der großen Not für das Volk und die Minister haben gesagt, daß der Staat ein Wohlfahrtsstaat ist, und daß das anders werden muß. Daß das die Moral untergräbt, (und gottgewollt ist) und dergleichen mehr. Und ich habe gesehen, wie schwer daß es ist, mit den anderen Menschen auszukommen. Aber ich habe den Kopf nicht hängen lassen.

Und überall haben sie einen ausgenützt und betrogen, und immer nur die, die wo nichts haben. Und da hab ich zum Staat gesagt: «Du Staat, ich bin eine Bürgerin», aber der Staat hat nichts gesagt.

Und jetzt könnte ich eine Stelle haben, aber um sie zu haben, dazu brauche ich Geld. Ich bin nämlich eigentlich Vertreterin – und ich brauch eine Kaution von hundertfünfzig Mark. Aber ich werde den Kopf nicht hängen lassen! Ich glaube noch daran, daß ich Glück haben muß – das ist der einzige Glaube, der mir geblieben ist. Und der Glaube versetzt Berge und ich werde den Kopf nicht hängen lassen.

Und ich habe mir um mein letztes Geld kosmetische Artikel gekauft weil man dann eher eine Stellung bekommt.[247]

Aber eben daß Horváth dann auf diese Ausdrücklichkeit hat verzichten können, daß er all die Ausgesprochenheit zum Schweigen gebracht hat, daß er die Klage hat stumm werden lassen, weist hin auf das Genie eines Dramatikers, der die Kunst beherrscht, die Wörter einschneien und die Qual des Lebens laut werden zu lassen inmitten der Totenstille.

Ödön Horváth

ANMERKUNGEN

Zitate aus dem Werk Ödön von Horváths stammen – wenn nicht anders angegeben – aus der achtbändigen Werkausgabe der edition suhrkamp (Gesammelte Werke in 8 Bänden. Hg. von Traugott Krischke und Dieter Hildebrandt. Frankfurt a. M. 1972).

Es werden folgende Abkürzungen verwendet:

GW   = Gesammelte Werke (die römische Zahl bezeichnet den Band, die arabische die Seite)

Materialien = Traugott Krischke (Hg.): «Materialien zu Ödön von Horváth». Frankfurt a. M. 1970 (= edition suhrkamp. 436)

1 Materialien, S. 114
2 Ebd., S. 115
3 Ebd., S. 118
4 Ebd., S. 117
5 Manuskript-Entwürfe im Ödön von Horváth-Archiv der Akademie der Künste, West-Berlin
6 Materialien, S. 110
7 Ebd., S. 114
8 Ebd., S. 85
9 GW I, 45
10 GW I, 189
11 GW IV, 463
12 Siehe *Glaube Liebe Hoffnung* in: GW I, 325 f
13 GW I, 353
14 GW I, 253
15 GW I, 157
16 GW I, 329
17 Diese und andere Auskünfte verdanken sich dem instruktiven Aufsatz von Traugott Krischke, der unter dem Titel «Recherchen» in den «Materialien» abgedruckt ist. Krischke ist mit großer Umsicht und Faktensorgfalt den näheren Umständen des Todesfalls nachgegangen.
18 Materialien, S. 126
19 GW VIII, 688
20 GW V, 7
21 Vgl. Traugott Krischkes Nachwort in: *Von Spießern, Kleinbürgern und Angestellten.* Frankfurt a. M. 1971 (= Bibliothek Suhrkamp. 285). S. 158
22 GW VIII, 647
23 GW V, 9
24 Richard Ellmann: «James Joyce». Frankfurt a. M. o. J. S. 204
25 GW V, 8 f
26 Erich Maria Remarque: «Im Westen nichts Neues». Berlin 1929. S. 5
27 Zeugnis-Faksimile, abgedruckt in: Traugott Krischke und Hans E. Prokop (Hg.), «Ödön von Horváth. Leben und Werk in Dokumenten und Bildern». Frankfurt a. M. 1972 (= suhrkamp taschenbuch. 67)
28 Nach Jenö Krammer: «Ödön von Horváth. Leben und Werk aus ungarischer Sicht». Wien 1969
29 Ebd., S. 10

30 Ebd., S. 15
31 Ebd., S. 9 f
32 GW V, 10
33 GW VIII, 691 f
34 Nach Krischke und Prokop, a. a. O.
35 Artur Kutscher: «Der Theaterprofessor». München 1960. S. 73
36 GW I, 9 f
37 Programmheft Osnabrück. In: GW VI, 531
38 GW I, 10
39 Programmheft Osnabrück. In: GW VI, 531
40 GW V, 11 f
41 GW VII, 9 f
42 GW VIII, 692
43 GW II, 383 f
44 Dieter Hildebrandt und Traugott Krischke (Hg.): «Über Ödön von Horváth».
   Frankfurt a. M. 1972 (= edition suhrkamp. 584). S. 107
45 GW VII, 657 f
46 Traugott Krischke (s. Italienische Nacht. Frankfurt a. M. 1974 [= Bibliothek Suhrkamp. 410]. S. 147) sieht die Entstehungszeit der Sportmärchen
   früher und nimmt dafür einen knapperen Zeitraum an
47 GW V, 25 f, GW VI, 519 f
48 Krischke und Prokop, a. a. O.: Horváth-Dokumentation
49 GW I, 19 f
50 Kurt R. Großmann: «Carl von Ossietzky». Frankfurt a. M. 1973 (= suhrkamp taschenbuch. 83). S. 122
51 Carl von Ossietzky: «Rechenschaft». Berlin–Weimar 1970. S. 70 f
52 GW II, 663
53 GW II, 448
54 Ernst Buchrucker in: Sladek oder Die schwarze Armee. Hg. von Dieter Hildebrandt. Frankfurt a. M. 1974 (= suhrkamp taschenbuch. 163). S. 101 f
55 So irrtümlich in den Anmerkungen in GW II, 663
56 Großmann, a. a. O., S. 132
57 Ossietzky, a. a. O., S. 159.
58 In einem Gespräch mit dem Verfasser
59 Krischke und Prokop, a. a. O., S. 57
60 Ebd.
61 Ebd.
62 Zit. n. «Die Weltbühne» vom 25. Oktober 1927
63 GW VII, 27
64 GW I, 40
65 P. A. Otte im Gespräch mit dem Verfasser
66 GW IV, 649 – vgl. dazu auch: Dietmar Grieser, «Ein sogenannter schmuk-
   ker Markt. Murnau und seine Horváth-Schauplätze». In: Grieser, «Schauplätze österreichischer Dichter». München 1974
67 GW III, 55
68 GW III, 41
69 GW III, 42
70 GW V, 75
71 GW I, 195

72 GW V, 81
73 GW V, 77
74 GW V, 263 f
75 GW II, 425 f
76 GW V, 75
77 GW II, 430
78 GW VII, 125 f
79 GW II, 404
80 GW VII, 136
81 GW III, 99
82 GW IV, 649
83 GW III, 119
84 Materialien, S. 32
85 Ebd., S. 20
86 Ebd., S. 33
87 Ebd., S. 60
88 Ebd., S. 107
89 Adalbert Bornhagen (d. i. P. A. Otte) in «Neue Zeitung» vom 12. August
   1950 unter dem Titel «Ödön, Berlin hat dich nicht vergessen!»
90 Gespräch mit P. A. Otte im Dezember 1974
91 Materialien, S. 21 f
92 Ebd., S. 32
93 Reproduziert auf Grund der Vertragsunterlagen mit freundlicher Genehmigung des Ullstein-Propyläen-Verlags
94 Original (Typoskript) in den Unterlagen des Ullstein-Propyläen-Verlags
95 Materialien, S. 33
96 Ebd., S. 21
97 GW V, 147
98 GW V, 170
99 GW V, 194
100 Hajo Kurzenberger: «Horváths Volksstücke». München 1974. S. 125
101 GW V, 174
102 GW V, 67
103 *Italienische Nacht*, a. a. O., S. 156
104 Materialien, S. 22
105 Bei Gelegenheit der Uraufführung von *Geschichten aus dem Wiener Wald*;
   s. Traugott Krischke (Hg.): «Materialien zu Ödön von Horváths ‹Geschichten aus dem Wiener Wald›». Frankfurt a. M. 1972. S. 115
106 *Italienische Nacht*, a. a. O., S. 160
107 Ebd.
108 Ebd.
109 Günther Rühle: «Zeit und Theater» Bd. 2: «Von der Republik zur Diktatur».
   Berlin 1972. S. 810
110 Zit. n. Materialien, S. 67
111 Zit. n. Helmut Sembner (Hg.): «Der Kleistpreis 1912–32». Berlin 1968.
   S. 42 f
112 a. a. O., S. 121
113 Materialien, S. 64
114 Sembner, a. a. O.

115 GW I, 7
116 Materialien, S. 34
117 Krischke, «Materialien zu . . . ‹Geschichten . . .›», a. a. O., S. 114
118 Ebd., S. 120 f
119 GW VII, 134, GW I, 192
120 Typoskript im Ödön von Horváth-Archiv
121 GW VIII, 601
122 GW I, 189
123 Traugott Krischke (Hg.): «Materialien zu Ödön von Horváths ‹Kasimir und Karoline›». Frankfurt a. M. 1973 (= edition suhrkamp. 611). S. 88 f
124 Ebd., S. 90
125 GW II, 659, GW VIII, 666
126 Ebd.
127 Sembner, a. a. O., S. 121
128 GW I, 12
129 GW VIII, 660
130 GW I, 13
131 GW VIII, 727
132 GW VIII, 618 f
133 GW VIII, 618 f
134 Traugott Krischke (Hg.): «Materialien zu Ödön von Horváths ‹Glaube Liebe Hoffnung›». Frankfurt a. M. 1973 (= edition suhrkamp. 671). S. 136
135 Ebd.
136 Ebd.
137 In: «Theater heute» 8 (1967)
138 Ebd., Sonderheft 1969
139 GW I, 130
140 GW I, 362
141 GW III, 49
142 GW I, 246
143 GW I, 290
144 GW I, 339, 340
145 GW I, 332, 378
146 GW I, 321
147 GW III, 67
148 GW III, 88
149 GW III, 55
150 GW III, 92
151 GW I, 144
152 GW I, 191
153 Theodor W. Adorno: «Der Jargon der Eigentlichkeit». Frankfurt a. M. 1964 (= edition suhrkamp. 91). S. 9
154 GW III, 79
155 GW I, 111
156 GW I, 360
157 GW I, 314
158 GW I, 323
159 GW III, 70
160 GW I, 195

161 GW I, 242
162 GW I, 256
163 GW I, 184
164 GW III, 79
165 GW I, 119
166 GW I, 12
167 GW VIII, 660
168 GW VIII, 661
169 Kurt Kahl: «Ödön von Horváth». Velber 1966 (= Friedrichs Dramatiker des Welttheaters. 18). S. 13
170 So z. B. in Materialien, S. 190
171 Ebd.
172 GW VIII, 675
173 GW III, 298
174 GW II, 597
175 Vgl. hierzu die Studie von Edeltraut E. Schmidt: «Die Frauenproblematik im Werk Ödön von Horváths» (Oslo 1973), die der Meinung vehement widerspricht, Horváth nehme für die Frauen Partei
176 GW II, 593
177 GW IV, 473
178 GW II, 537
179 GW IV, 490
180 GW IV, 486
181 GW III, 208
182 GW IV, 651
183 GW III, 232
184 GW III, 210
185 GW III, 271
186 GW IV, 651
187 GW III, 287
188 GW III, 306
189 GW III, 297
190 GW III, 282
191 GW III, 300
192 Materialien, S. 82
193 GW IV, 652
194 GW III, 192
195 GW III, 185
196 GW III, 197
197 GW IV, 653
198 GW IV, 464
199 GW IV, 409
200 GW IV, 440
201 GW IV, 654
202 GW IV, 532
203 GW IV, 538
204 GW IV, 504
205 GW II, 585
206 GW II, 532

207 GW II, 561
208 GW II, 566 f
209 GW II, 567
210 GW II, 583
211 GW II, 588
212 GW II, 591
213 Thomas Mann: «Der Zauberberg». Frankfurt a. M. 1954. S. 1019
214 GW II, 644
215 GW IV, 654
216 GW IV, 655
217 GW IV, 644
218 GW IV, 591 f
219 Materialien, S. 84
220 Ebd., S. 112
221 Siehe GW V, 57 f
222 GW VIII, 412
223 GW VI, 288
224 GW VII, 100
225 GW VII, 109
226 GW VI, 281
227 GW VI, 403
228 Materialien, S. 112
229 GW VI, 413
230 GW VI, 515
231 Materialien, S. 109
232 GW VIII, 429
233 GW VIII, 451
234 GW VIII, 428
235 Materialien, S. 111
236 Ebd., S. 113
237 GW VIII, 463
238 James Joyce: «Dubliner». Frankfurt a. M. 1969. S. 228
239 GW II, 646
240 Joyce, a. a. O., S. 226
241 GW II, 645
242 Materialien, S. 91
243 Stanislaus Joyce: «Meines Bruders Hüter». Frankfurt a. M. 1960. S. 226
244 GW VIII, 664
245 GW I, 353
246 GW VIII, 660
247 GW VII, 270

ZEITTAFEL

1901	Edmund (Ödön) Josef von Horváth wird am 9. Dezember als Sohn des Diplomaten Dr. Ödön Josef von Horváth in Fiume geboren
1902	Die Familie siedelt nach Belgrad über, wo auch Bruder Lajos im darauffolgenden Jahr geboren wird
1908	Übersiedlung nach Budapest, wo Ödön von Horváth ersten Unterricht in der ungarischen Sprache erhält
1909	Der Vater wird nach München versetzt. Ödön bleibt jedoch in Budapest und besucht das Rakoczianum (Erzbischöfliches Internat)
1913	Ödön folgt den Eltern nach München. 1914 Besuch des Wilhelms-Gymnasiums. Dr. Horváth wird einberufen, im Jahr darauf jedoch von der Front abberufen und nach München beordert
1916–1917	Die Familie siedelt nach Preßburg über. Dort Besuch einer ungarischen Schule
1918	Der Vater wird nach Budapest beordert. Ödön erlebt die Nachkriegswirren in der ungarischen Hauptstadt und zeigt starkes Interesse an den machtpolitischen Kämpfen dort
1919	Ödön kommt zu einem Onkel nach Wien, wo er im Sommer das Abitur macht. Dann folgt er wiederum seiner Familie, die inzwischen wieder in München lebt. In München immatrikuliert er sich an der Ludwig-Maximilians-Universität
1920	Ödön von Horváth beginnt Kurzgeschichten für den «Simplicissimus» zu schreiben; er lernt den Komponisten Siegfried Kallenberg kennen, auf dessen Anregung hin *Das Buch der Tänze* entsteht
1922	*Das Buch der Tänze* wird mit zwei anderen Werken konzertant aufgeführt; es erscheint anschließend im Münchner Schahin-Verlag. Später kauft Horváth die Auflage auf und vernichtet sie
1923	Ödön zieht zu seinen Eltern nach Murnau. Dort beginnt er eine intensive schriftstellerische Arbeit, vernichtet jedoch die meisten Manuskripte aus dieser Zeit
1924	Die *Sportmärchen* werden im «Simplicissimus» und in der «Jugend» veröffentlicht. Nach einer längeren Paris-Reise beschließt Ödön, nach Berlin überzusiedeln
1926	Am 20. Februar wird in Osnabrück *Das Buch der Tänze* uraufgeführt. Die Kritik ist negativ. Horváth vollendet das Volksstück *Revolte auf Côte 3018* und arbeitet an dem Stück *Zur schönen Aussicht*. Bekanntschaft mit Erich Ziegel, dem Leiter der Hamburger Kammerspiele
1927	*Revolte of Côte 3018* wird am 4. November in Hamburg uraufgeführt. Es wird ein Mißerfolg. Horváth arbeitet das Stück um und veröffentlicht es unter dem neuen Titel *Die Bergbahn*
1928	Es entstehen *Sladek oder Die schwarze Armee* und die Umarbeitung des Stückes zu *Sladek, der schwarze Reichswehrmann*
1929	Am 4. Januar wird *Die Bergbahn* in Berlin mit großem Erfolg uraufgeführt. Daraufhin bekommt Horváth einen Vertrag und ein Fixum vom Ullstein-Verlag angeboten.

Am 13. Oktober wird *Sladek, der schwarze Reichswehrmann* im Berliner Lessing-Theater zum erstenmal aufgeführt. Die Kritik ist enttäuschend. Vollendet wird in diesem Jahr die Posse *Rund um den Kongreß*

1930 Entstehung des ersten Romans *Der ewige Spießer*. Abschluß der Arbeit an den Volksstücken *Italienische Nacht* und *Geschichten aus dem Wiener Wald*

1931 20. März: *Italienische Nacht* wird im Theater am Schiffbauerdamm erfolgreich uraufgeführt. Im Herbst des Jahres erhält Horváth auf Anregung Carl Zuckmayers zusammen mit Erik Reger den Kleistpreis. 4. Juli: *Italienische Nacht* wird in einer entpolitisierten Fassung in Wien durch Oskar Sima inszeniert.
Am 2. November findet die Uraufführung von *Geschichten aus dem Wiener Wald* in Berlin statt. Sie hat großen Erfolg. Horváth findet überall Anerkennung und ist nun in den Berliner Theaterkreisen bekannt. Vollendung von *Kasimir und Karoline*

1932 Horváth schreibt *Glaube Liebe Hoffnung*; am 18. November Uraufführung von *Kasimir und Karoline* in Leipzig mit gemischter Kritik

1933 Die geplante Uraufführung von *Glaube Liebe Hoffnung* darf nicht stattfinden. Die Nationalsozialisten durchsuchen das Haus von Horváths Eltern. Ödön verläßt Deutschland und begibt sich nach Österreich. Beendigung der Arbeiten an *Die Unbekannte aus der Seine* und *Hin und her*. Horváth ist in Deutschland unerwünscht, er reist nach Budapest, um die ungarische Staatsbürgerschaft behalten zu können. Im selben Jahr heiratet er die Sängerin Maria Elsner, jedoch wird die Ehe nach einem Jahr wieder gelöst

1934 *Himmelwärts* erscheint, gelangt aber nicht zur Aufführung. Die Uraufführung von *Hin und her* in Zürich am 18. Dezember ist erfolgreich

1935 Horváths finanzielle Situation verschlechtert sich, da sich die großen Theater nicht für seine Stücke interessieren. Er erhält eine Auftragsarbeit des Max-Pfeffer-Verlages und schreibt dafür *Mit dem Kopf durch die Wand*. Das Stück, das am 10. Dezember in Wien uraufgeführt wurde, fällt durch

1936 Übersiedlung nach Henndorf bei Salzburg.
Es werden im Verlauf des Jahres folgende Stücke fertiggestellt: *Don Juan kommt aus dem Krieg*, *Ein Dorf ohne Männer*, *Der jüngste Tag*, *Glaube Liebe Hoffnung*, *Figaro läßt sich scheiden*.
Horváth ist in Wien mit Carl Zuckmayer, Franz Werfel und Franz Theodor Csokor zusammen.
Glaube Liebe Hoffnung wird am 13. November in Wien uraufgeführt. Der dramatische Entwurf *Der Lenz ist da* dient als Grundlage zu dem Roman *Jugend ohne Gott*, dem sich Horváth zuwendet

1937 Walter Landauer vom Verlag Allert de Lange in Amsterdam nimmt den Roman *Jugend ohne Gott* an, der im Herbst erscheint und ein großer Erfolg wird. Er wird in zahlreiche Sprachen übersetzt. 2. April: Uraufführung von *Figaro läßt sich scheiden* in Prag. Ebenfalls in Prag, am 24. September, wird *Ein Dorf ohne Männer* uraufgeführt.

Horváths letzter Roman *Ein Kind unserer Zeit* wird abgeschlossen und erscheint ebenfalls bei Allert de Lange in Amsterdam.

5. Dezember erste und einzige Aufführung von *Himmelwärts* in Wien.

11. Dezember: Uraufführung von *Der jüngste Tag* im Deutschen Theater in Mährisch-Ostrau

1938 Horváth kehrt von Henndorf nach Wien zurück, die politische Situation ist schwierig, viele seiner Freunde verlassen Österreich. Am 13. März fährt Horváth nach Budapest, reist anschließend nach Fiume, seinem Geburtsort, und besucht einige andere Städte.

Am 28. Mai Ankunft in Paris zu Besprechungen mit Robert Siodmak über die Verfilmung von *Jugend ohne Gott.*

Am 1. Juni wird Ödön von Horváth von einem stürzenden Ast erschlagen.

Am 7. Juni Beisetzung auf dem Friedhof Saint-Ouen

ZEUGNISSE

CARL ZUCKMAYER

Horváth scheint mir unter den jüngeren Dramatikern die stärkste Begabung und, darüber hinaus, der hellste Kopf und die prägnanteste Persönlichkeit zu sein. Seine Stücke sind ungleichwertig, manchmal sprunghaft und ohne Schwerpunkt. Aber niemals wird sein Ausdruck mittelmäßig – was er macht, hat Format –, und sein Blick ist eigenwillig, ehrlich, rücksichtslos ... Es ist anzunehmen, daß er der dramatischen Kunst, die immer ohne Einschränkung eine Kunst der Menschen- und Wortgestaltung bleibt, neue lebensvolle Werte zuführen wird.

Anläßlich der Verleihung des Kleistpreises an Horváth, 1931

HANS WEIGEL

Horváth muß immer provozieren, denn er ist ein großer Moralist, ist somit ein Mitleidender, weil ehrlicher Zeitgenosse der dreißiger Jahre dieses Jahrhunderts. Er gehört ganz und gar in den österreichischen Sektor des Inferno; dies dient den deutschen Dramaturgen als Ausrede, ihn links liegen zu lassen, Österreich andererseits aber erschrickt vor solchem Spiegel, als könnten optische Geräte ihr Objekt beschmutzen und nicht nur mit unbarmherziger Schärfe wiedergeben. Österreich verzeiht ihm die «Geschichten aus dem Wiener Wald» nicht, die den landesüblichen Dreivierteltakt durch das meist totgeschwiegene vierte Viertel ergänzen.

In: «Theater und Zeit», März 1957

ULRICH BECHER

... für mich besteht wenig Zweifel, daß er, hätte er überlebt, neben Brecht der größte zeitgenössische Bühnendichter deutscher Sprache geworden wäre.

In: Horváth, «Stücke», Nachwort 1961

WILHELM EMRICH

Ein Autor, der zum Nachdenken, zum genauen Hinsehen zwingt, der jede seiner Figuren ganz ernst nimmt, ohne sie zu fixieren, zu parodieren, zu satirisieren, mit faßlichen Etiketten zu versehen und ohne ihnen irgendeine These oder Weltanschauung oder auch eine sog. existentielle Daseinsbefindlichkeit aufzukleben ...

«Geist und Widergeist». 1965

Oscar Fritz Schuh

Das politische Theater hat eine entscheidende Niederlage erlitten. Warum hat der große Ödön von Horváth Brecht schon überrundet? Weil er nicht aufklären und erziehen will, weil er keine Rezepte anbietet, um die Welt zu verbessern, sondern weil er Zustände aufzeigt, die paradigmatischen Wert haben, auch wenn nicht in jeder Zeile darauf hingewiesen wird.

«Theater und Gegenwart». In: «Neue Zürcher Zeitung»
vom 27. November 1968

Peter Handke

Als reine Formspiele kann ich die Stücke Brechts noch ertragen, als unwirkliche, aber doch ergreifende Weihnachtsmärchen, weil sie mir eine Einfachheit und eine Ordnung zeigen, die es nicht gibt. Ich ziehe Ödön von Horváth und seine Unordnung und unstilisierte Sentimentalität vor. Die verwirrten Sätze seiner Personen erschrecken mich, die Modelle der Bösartigkeit, der Hilflosigkeit, der Verwirrung in einer bestimmten Gesellschaft werden bei Horváth viel deutlicher. Und ich mag diese irren Sätze bei ihm, die die Sprünge und Widersprüche des Bewußtseins zeigen, wie man das sonst nur bei Tschechow oder Shakespeare findet.

1968

Franz Xaver Kroetz

Hier muß ich besonders hervorheben: Horváth hatte ein einmaliges Verantwortungsbewußtsein seinen Figuren und damit dem Theater gegenüber. Theater soll politisch sein, es muß es sein, denn es spielt vor Volk und es zeigt Volk, und das ist ein Vorgang, der eminent politisch ist. Hier hat Horváth vorbildlich gearbeitet: er denunziert seine Figuren nicht, er glorifiziert nicht: er praktiziert . . . Horváths Stücke sind, zumindest im Augenblick, eben politischer und weiterweisend für die neue Dramatik als die Brechts.

In: «Theater heute», Dezember 1971

Herbert Gamper

Horváth zog also mit seinen «Volksstücken» die ästhetische Konsequenz aus der Beschaffenheit individuellen Bewußtseins . . . und das heißt aus der Beschaffenheit der Gesellschaft seiner Zeit . . . Die im Zeichen des Profits durchrationalisierte Gesellschaft ist eine von Lemuren, sie beseitigt systematisch alles Lebendige, denn sie vermag ihrem Prinzip gemäß (Reduktion auf Quantität) nur Totes zu integrieren. Sie begegnet dem noch lebendigen Menschen als übermächtiger Apparat, dem er hoffnungslos ausgeliefert ist . . .

In: Programmbuch 7 der Württ. Staatstheater Stuttgart, März 1975

BIBLIOGRAPHIE

1. Bibliographien

Die Werke Ödön von Horvaths. In: ÖDÖN VON HORVATH, Stücke. Hg. von TRAU-
GOTT KRISCHKE. Reinbek 1961. S. 442–445 (= Rowohlt Paperback. 3)
Bibliographie. In: ÖDÖN VON HORVÁTH, Gesammelte Werke in vier Bänden. Hg.
von DIETER HILDEBRANDT, WALTER HUDER und TRAUGOTT KRISCHKE. Frankfurt
a. M. 1970–1971. Bd. 4, S. 47–51
Bibliographie. In: DIETER HILDEBRANDT und TRAUGOTT KRISCHKE (Hg.), Über Ödön
von Horváth. Frankfurt a. M. 1972. S. 133–144 (= edition suhrkamp. 584)
Bibliographie. In: TRAUGOTT KRISCHKE und HANS F. PROKOP (Hg.), Ödön von Horváth. Leben und Werk in Dokumenten und Bildern. Frankfurt a. M. 1972. S.
191–200 (= suhrkamp taschenbuch. 67)
Bibliographie. In: ÖDÖN VON HORVÁTH, Gesammelte Werke in acht Bänden. Hg.
von TRAUGOTT KRISCHKE und DIETER HILDEBRANDT. Frankfurt a. M. 1972. Bd. 8,
S. 743–747 (= Werkausgabe der edition suhrkamp)

2. Werke

a) Gesamtausgaben

Gesammelte Werke in vier Bänden. Hg. von DIETER HILDEBRANDT und TRAUGOTT
KRISCHKE. Frankfurt a. M. (Suhrkamp) 1970–1971
[1. Volksstücke. Schauspiele – 2. Komödien – 3. Lyrik. Prosa. Romane –
4. Fragmente und Varianten. Exposés. Theoretisches, Briefe, Verse]
Gesammelte Werke in acht Bänden. Hg. von TRAUGOTT KRISCHKE und DIETER HIL-
DEBRANDT. Frankfurt a. M. (Suhrkamp) 1972 (= Werkausgabe der edition
suhrkamp)
[1. Volksstücke – 2. Schauspiele – 3. Komödien 1 – 4. Komödien 2 – 5. Lyrik.
Prosa. Romane 1 – 6. Romane 2 – 7. Szenisches, Fragmente und Varianten –
8. Prosa, Fragmente und Varianten. Exposés. Theoretisches. Briefe. Verse]
(Textidentisch mit der vierbändigen Dünndruckausgabe, doch mit einigen
textlichen Korrekturen und Erweiterungen, die für die Dünndruckausgabe später veröffentlicht werden.)

b) Einzelausgaben

Buch der Tänze. München (Schahin Verl.) 1922
Revolte auf Côte 3018. Volksstück in vier Akten. Berlin (Volksbühnen-Verlags-
und Vertriebs GmbH) 1927 [Masch. vervielf.]
Die Bergbahn. Volksstück in drei Akten. Berlin (Volksbühnen-Verlags- und Ver-
triebs GmbH) 1927 [Masch. vervielf.]
Zur schönen Aussicht. Komödie in drei Akten. Berlin (Volksbühnen-Verlags- und
Vertriebs GmbH) 1927 [Masch. vervielf.]
Sladek oder Die schwarze Armee. Historie in drei Akten. Berlin (Volksbühnen-
Verlags und Vertriebs GmbH) 1928 [Masch. vervielf.]
Sladek, der schwarze Reichswehrmann. Historie aus dem Zeitalter der Inflation

in drei Akten. Berlin (Volksbühnen-Verlags- und Vertriebs GmbH) 1929 [Masch. vervielf.]

Rund um den Kongreß. Posse in fünf Bildern. Berlin (Arcadia Verl.) 1929 [Masch. vervielf.]

Der ewige Spießer. Erbaulicher Roman in drei Teilen. Berlin (Propyläen) 1930

Geschichten aus dem Wiener Wald. Volksstück in drei Teilen. Berlin (Propyläen) 1931

Italienische Nacht. Volksstück. Berlin (Propyläen) [1931] – Berlin (Arcadia Verl.) 1931

Kasimir und Karoline. Volksstück. Berlin (Arcadia Verl.) 1932 [Masch. vervielf.]

Glaube Liebe Hoffnung. Ein kleiner Totentanz. Berlin (Arcadia Verl.) 1932 [1933]. [Masch. vervielf.]

Hin und Her. Posse. (o. O. und Verlag) 1933

Eine Unbekannte aus der Seine. (o. O. und Verl.) 1933

Himmelwärts. Ein Märchen in zwei Teilen. Berlin (Der Neue Bühnenverl.) 1934 [Masch. vervielf.]

Mit dem Kopf durch die Wand. Komödie in vier Akten. Wien–Berlin (Max Pfeffer) 1935 [Masch. vervielf.]

Don Juan kommt aus dem Krieg. Schauspiel in drei Akten. Wien–Berlin (Max Pfeffer) 1937 [Masch. vervielf.]

Figaro läßt sich scheiden. Komödie in drei Akten. Wien–London (Max Pfeffer) 1937 [Masch. vervielf.]

Der jüngste Tag. Schauspiel in sieben Bildern. Wien (Marton Verl.) [1937]. [Masch. vervielf.]

Ein Dorf ohne Männer. Lustspiel in sieben Bildern. Wien (Marton Verl.) 1937 [Masch. vervielf.]

Pompeji. Komödie eines Erdbebens in sechs Bildern. Wien (Marton Verl.) 1937 [Masch. vervielf.]

Jugend ohne Gott. Roman. Amsterdam (Lange) 1938 [1937]

Ein Kind unserer Zeit. Roman. Amsterdam (Lange) 1938
[Vorwort von Franz Werfel; «Abschied von Ödön von Horváth», gesprochen an seinem Grab in Paris am 7. Juni 1938 von Carl Zuckmayer (S. 202–212)]
New York–Toronto (Longmans, Green and Co.) 1938

Jugend ohne Gott. Roman. Wien (Bergland-Verl.) 1948

Ein Kind unserer Zeit. Roman. Wien (Bergland-Verl. 1951
[Mit einem Vorwort von Franz Werfel und der Grabrede Carl Zuckmayers]
Vaduz (Liechtenstein Verl.) 1951
Wien (Bergland-Verl.) 1953 (= Zeitalter der Fische. Bd. 1)

Jugend ohne Gott. Roman. Wien (Bergland-Verl.) 1953 (= Zeitalter der Fische. Bd. 2)

Der jüngste Tag. Schauspiel in sieben Bildern. Emsdetten (Lechte) 1955 (= Dramen der Zeit. 15) [Mit einem Vorwort von Hellmut Schlien]

Figaro läßt sich scheiden. Komödie in drei Akten. Wien (Bergland-Verl.) 1959
[Mit einem Vorwort von TRAUGOTT KRISCHKE]

Pompeji. Komödie eines Erdbebens in sechs Bildern. München (Sessler) [ca. 1960]. [Masch. vervielf.]

Der ewige Spießer. Erbaulicher Roman in drei Teilen. Wien (Bergland-Verl.) 1965 – Wien (Bergland-Verl.) 1965 (= Neue Dichtung aus Österreich. 119/120)

Ein Kind unserer Zeit. Roman. Mit einem Vorwort von Franz Werfel und der

Gedächtnisrede von Carl Zuckmayer. München (dtv) 1968 (= dtv. 525)

Rechts und Links. Sportmärchen. (Hg. und mit einem Nachwort versehen von WALTER HUDER; mit zwölf vierfarbigen Original-Linolschnitten von WOLFGANG JÖRG und ERICH SCHÖNIG.) Berlin (Berliner Handpresse) 1969

Geschichten aus dem Wiener Wald. Volksstück in drei Teilen mit einer Nacherzählung von Peter Handke. Frankfurt a. M. (Suhrkamp) 1970 (= Bibliothek Suhrkamp. 247) [Text nach der Erstausg. von 1931]

Jugend ohne Gott. Roman. Frankfurt a. M. (Suhrkamp) 1971 (= suhrkamp taschenbuch. 17) [Text nach Bd. 3 der Gesammelten Werke]

Der ewige Spießer. Erbaulicher Roman in drei Teilen. Berlin (Volk und Welt) 1971 (= Volk und Welt Spektrum. 31) [Mit einer Nachbemerkung von HANSJÖRG SCHNEIDER]

Kasimir und Karoline. Hg. und mit einem Nachwort versehen von TRAUGOTT KRISCHKE. Frankfurt a. M. (Suhrkamp) 1972 (= Bibliothek Suhrkamp. 316)

Sportmärchen. Mit einem Nachwort von TRAUGOTT KRISCHKE. Frankfurt a. M. (Insel Verl.) 1972 (= Insel-Bücherei. 963) [Die Texte sind Bd. 3 der Gesammelten Werke und des Handpressendrucks «Rechts und Links» entnommen, fünf sind erst kürzlich im Nachlaß Ödön von Horváths wiederaufgefunden worden.]

Ein Kind unserer Zeit. Roman. Frankfurt a. M. (Suhrkamp) 1973 (= suhrkamp taschenbuch. 99) [Text nach Bd. 3 der Gesammelten Werke]

Der ewige Spießer. Erbaulicher Roman in drei Teilen. Frankfurt a. M. (Suhrkamp) 1973 (= suhrkamp taschenbuch. 131) [Text nach Bd. 3 der Gesammelten Werke]

Kasimir und Karoline. Volksstück. München (Sessler) [1973?] [überstempelt: Marton Wien]

Geschichten aus dem Wiener Wald. Volksstück in drei Teilen. München (Sessler) [1973]

Glaube Liebe Hoffnung. Ein kleiner Totentanz in fünf Bildern. Dieses Theaterstück wurde unter Mitarb. von Lukas Kristl verf. München (Sessler) – München (Drei-Masken-Verl.) [1973]

Ein Dorf ohne Männer. Lustspiel in sieben Bildern nach dem Roman von Koloman von Mikszath. München (Sessler) [1973?]

Italienische Nacht. Edition und Nachwort von TRAUGOTT KRISCHKE. Frankfurt a. M. (Suhrkamp) 1974 (= Bibliothek Suhrkamp. 410)

Sladek oder Die schwarze Armee. Historie in drei Akten (11 Bildern). Hg. mit Dokumenten und Nachwort von DIETER HILDEBRANDT. Frankfurt a. M. (Suhrkamp) 1974 (= suhrkamp taschenbuch. 163)

c) Sammlungen

Zeitalter der Fische. Zwei Romane in einem Band. Bd. 1–2. Wien (Bergland-Verl.) 1953 [Bd. 2: Mit einem Vorwort von Franz Werfel und der Grabrede Carl Zuckmayers]

Stücke. Hg. von TRAUGOTT KRISCHKE. Mit einem Nachwort von ULRICH BECHER. Reinbek (Rowohlt) 1961 (= Rowohlt Paperback. 3)

Unvollendet. Graz–Wien (Stiasny) 1961. Eingeleitet und ausgewählt von FRANZ THEODOR CSOKOR (= Stiasny-Bücherei. 97)

Zeitalter der Fische. Zwei Romane in einem Band. München (Kindler) 1965

(= Kindler Taschenbücher. 62)
Zeitalter der Fische. Drei Romane und eine Erzählung. Wien (Bergland-Verl.)
1968 [Mit einer Gedächtnisrede Carl Zuckmayers statt eines Nachworts.]
[Enthält: Der ewige Spießer; Ein Kind unserer Zeit; Der Tod aus Tradition]
Dramen. Berlin (Volk und Welt) 1969
Zeitalter der Fische. Drei Romane und eine Erzählung. Wien–Frankfurt a. M.–
Zürich (Büchergilde Gutenberg) 1969 [Mit einer Gedächtnisrede Carl Zuck-
mayers statt eines Nachworts.]
Von Spießern, Kleinbürgern und Angestellten. Frankfurt a. M. (Suhrkamp) 1971
(= Bibliothek Suhrkamp. 285) [Texte aus Bd. 3 und 4 der Gesammelten Wer-
ke]

3. Sekundärliteratur

BÁDER, DEZSÖ: Einzelheiten aus der Literatur der Emigration. Briefwechsel Ödön
von Horváths und Franz Theodor Csokors mit Lajos Hatvany. In: Acta Lit-
teraria 12 (1970)
BALLIN, DOLLY ELISABET: Irony in the dramatic work of Ödön von Horváth. [Diss.]
Univ. of Washington 1969
BAUER, ROGER: Reflexionen über Ödön von Horváth und das Wiener Volksthea-
ter. In: Utopia (1973)
BECHER, ULRICH: Stammgast im Liliputanercafé. In: HORVÁTH, Stücke. Reinbek
1961 (= RP. 3)
BERCZIK, ÁRPÁD: Ödön von Horváth und Kálmán Mikszáth. In: Német Filológiai
Tanulmányok. Arbeiten zur deutschen Philologie 7 (1973)
BLEYL, HANSJOACHIM: Horváth in der Schaubühne. In: Neue Rundschau 83 (1972)
BOELKE, WOLFGANG: Die «entlarvende» Sprachkunst Ödön von Horváths. Studien
zu seiner dramaturgischen Psychologie. [Phil. Diss.] Frankfurt a. M. 1969
[1970]
CARL, ROLF-PETER: Theatertheorie und Volksstück bei Ödön von Horváth. In:
Theater und Gesellschaft (1973)
ČERNÝ, JINDŘICH: Ödön von Horváth. In: HORVÁTH, Povidky z Videňského lesa.
Praha 1968
CSOKOR, FRANZ THEODOR: Ödön von Horváth. In: Der Monat, Juni 1951
Ödön von Horváth. In: Neue literarische Welt 3/1952, Nr. 2
Ödön von Horváth. Zur 20. Wiederkehr seines Todestages. In: Wort in der
Zeit 4 (1958)
In memoriam Ödön von Horváth. In: HORVÁTH, Unvollendet. Graz–Wien 1961
Vorwort. In: HORVÁTH, Der ewige Spießer. Wien 1965
Briefe an der Pforte der Unterwelt. In: TRAUGOTT KRISCHKE (Hg.), Materialien
zu Ödön von Horváth. Frankfurt a. M. 1970 (= edition suhrkamp. 436)
CYRON-HAWRYLUK, DOROTA: Ödön von Horváth und seine Dramen. Mit beson-
derer Berücksichtigung der sozialen Problematik. [Diss.] Wrocław 1971
Form und Sonderform der Dramen Ödön von Horváths. In: Lenau-Forum 4/
1972, H. 1/2
DIETRICH, WOLF: Einige Grundsätze für heutige Horváth-Regisseure. In: DIETER
HILDEBRANDT und TRAUGOTT KRISCHKE (Hg.), Über Ödön von Horváth. Frankfurt a. M. 1972 (= edition suhrkamp. 584)

DIMTER, WALTER: Die ausgestellte Gesellschaft. Zum Volksstück Horváths, der «Fleißer» und ihrer Nachfolger . . . In: Theater und Gesellschaft (1973)

DIRNBECK, JOS.: Ödön von Horváths Komödie. In: Wort und Wahrheit 28 (1973)

EMRICH, WILHELM: Die Dummheit oder das Gefühl der Unendlichkeit. Ödön von Horváths Kritik. In: EMRICH, Geist und Widergeist. Frankfurt a. M. 1965 – Auch in: TRAUGOTT KRISCHKE (Hg.), Materialien zu Ödön von Horváth. Frankfurt a. M. 1970 (= edition suhrkamp. 436)

FEDERMANN, REINHARD: Das Zeitalter der Fische. Ein Versuch über Ödön von Horváth. In: Wort in der Zeit 8/1962, H. 6

FEIGL, SUSANNE: Das Thema der menschlichen Wandlung in den Romanen Ödön von Horváths. [Phil. Diss.] Wien 1971 [Masch.]

FRANÇOIS, JEAN-CLAUDE: Horváth ou du bon usage de la liberté. In: Courrier Dramatique de l'Ouest 82 (1969)

FISCHER, GRETE: Dienstboten, Brecht und andere Zeitgenossen in Prag, Berlin, London. Olten–Freiburg i. B. 1966

FRITZ, AXEL: Der wiederentdeckte Ödön von Horváth – ein Kritiker seiner Zeit und ihrer Gesellschaft. In: Moderna språk 65 (1971)
Ödön von Horváth als Kritiker seiner Zeit. Studien zum Werk in seinem Verhältnis zum politischen, sozialen und kulturellen Zeitgeschehen. München 1973 [= List Taschenbücher. 1446]
Ödön von Horváth als Kritiker seiner Zeit. In: Akzente 19 (1972) – Auch in: DIETER HILDEBRANDT und TRAUGOTT KRISCHKE (Hg.), Über Ödön von Horváth. Frankfurt a. M. 1972 (= edition suhrkamp. 584)

GAMPER, HERBERT: Sinds nicht tierisch? In: Programmbuch Nr. 7 der Württembergischen Staatstheater Stuttgart, März 1975 [Über «Geschichten aus dem Wiener Wald»]

GENNO, CHARLES N.: «Kitsch» elements in Horváth's «Geschichten aus dem Wiener Wald». In: German Quarterly 45 (1972)

GOUGH, ELIZABETH: Möblierte Zimmer, stille Straßen. Zur Dramaturgie des Schauplatzes in Ödön von Horváths Stücken. In: DIETER HILDEBRANDT und TRAUGOTT KRISCHKE (Hg.), Über Ödön von Horváth. Frankfurt a. M. 1972 (= edition suhrkamp. 584)

HANDKE, PETER: Horváth ist besser als Brecht. In: Theater im Umbruch. München 1970 [= dtv. 640] – Auch in: TRAUGOTT KRISCHKE (Hg.), Materialien zu Ödön von Horváth. Frankfurt a. M. 1970 (= edition suhrkamp. 436)
Totenstille beim Heurigen. Eine Nacherzählung. In: HORVÁTH, Geschichten aus dem Wiener Wald. Frankfurt a. M. 1970 (= Bibliothek Suhrkamp. 247)

HILDEBRANDT, DIETER: Liebe, Tod und Kapital. Über ein zentrales Motiv in Horváths Volksstücken. In: Theater heute 11/1970, Nr. 11 – Auch in: TRAUGOTT KRISCHKE (Hg.), Materialien zu Ödön von Horváth. Frankfurt a. M. 1970 (= edition suhrkamp. 436)
Der Jargon der Uneigentlichkeit. Zur Sprache Ödön von Horváths. In: Akzente 19 (1972) – Gekürzt in: TRAUGOTT KRISCHKE (Hg.), Materialien zu Ödön von Horváths «Geschichten aus dem Wiener Wald». Frankfurt a. M. 1972 (= edition suhrkamp. 533)

HILDEBRANDT, DIETER, und TRAUGOTT KRISCHKE (Hg.): Über Ödön von Horváth. Frankfurt a. M. 1972 (= edition suhrkamp. 584)

HILLACH, ANSGAR: Das Volksstück als Kosmologie der Gewalt. Psychologie und Marxismus in Ödön von Horváths «Revolte auf Côte 3018». In: Germanisch-

Romanische Monatsschrift 24 (1974)

HOLLMANN, HANS: Einige Grundsätze für künftige Horváth-Regisseure. In: Frankfurter Allgemeine Zeitung vom 11. Dezember 1971 – Auch in: Theater heute 12 (1971) und in: DIETER HILDEBRANDT und TRAUGOTT KRISCHKE (Hg.), Über Ödön von Horváth. Frankfurt a. M. 1972 (= edition suhrkamp. 584)

HOLLMANN, HELGA: Gesellschaftskritik in den Volksstücken Ödön von Horváths. [Magisterarbeit] Berlin (1970) – Auszugsweise in: TRAUGOTT KRISCHKE (Hg.), Materialien zu Ödön von Horváths «Geschichten aus dem Wiener Wald». Frankfurt a. M. 1972 (= edition suhrkamp. 533)

HOLLY, EUGEN: Dichter in der Schulbank. In: TRAUGOTT KRISCHKE (Hg.), Materialien zu Ödön von Horváth. Frankfurt a. M. 1970 (= edition suhrkamp. 436)

HOUTMAN, KEES: Notizen zu Horváth's «Gebrauchsanweisung». In: Amsterdamer Beiträge zur neueren Germanistik 1 (1972)

HUDER, WALTER: Über die «Sportmärchen» und ihren Autor. In: HORVÁTH, Rechts und Links. Sportmärchen. Berlin 1969

Inflation als Phänomen der Existenz. Zum Schaffen Ödön von Horváths. In: Welt und Wort 25 (1970) – Gekürzt in: TRAUGOTT KRISCHKE (Hg.), Materialien zu Ödön von Horváth. Frankfurt a. M. 1970 (= edition suhrkamp. 436)

Inflation als Lebensform. In: Neue Zürcher Zeitung vom 19. Dezember 1971

Zum Stand der Horváth-Forschung. In: Akzente 19 (1972)

Ödön von Horváth. Existenz und Produktion im Exil. In: Die Deutsche Exilliteratur. Stuttgart 1973

HUMMEL, REINHARD: Die Volksstücke Ödön von Horváths. Baden-Baden 1970

JARKA, HORST: Ödön von Horváth und das Kitschige. In: Zeitschrift für deutsche Philologie 91 (1972)

Sprachliche Strukturelemente in Ödön von Horváths Volksstücken. In: Colloquia germanica 4 (1973)

JENNY, URS: Ödön von Horváths Größe und Grenzen. In: Süddeutsche Zeitung vom 17. November 1971 – Auch in: DIETER HILDEBRANDT und TRAUGOTT KRISCHKE (Hg.), Über Ödön von Horváth. Frankfurt a. M. 1972 (= edition suhrkamp. 584)

Horváth realistisch – Horváth metaphysisch. In: Akzente 18 (1971)

JOAS, HANS: Ödön von Horváths Kasimir und Karoline. In: Österreich in Geschichte und Literatur 15 (1971)

KAHL, KURT: Das Zeitalter der Fische. Ödön von Horváth zum 50. Geburtstag. In: Freude an Büchern 3 (1952)

Dramatiker der deutschen Misere, Ödön von Horváth. In: Wort in der Zeit 12/1966, H. 2

Ödön von Horváth. Velber 1966 (= Friedrichs Dramatiker des Welttheaters. 18) – Auszugsweise in: TRAUGOTT KRISCHKE (Hg.), Materialien zu Ödön von Horváth. Frankfurt a. M. 1970 (= edition suhrkamp. 436)

KARASEK, HELLMUTH: Das Prosawerk Ödön von Horváths. In: DIETER HILDEBRANDT und TRAUGOTT KRISCHKE (Hg.), Über Ödön von Horváth. Frankfurt a. M. 1972 (= edition suhrkamp. 584)

KERR, ALFRED: Kasimir und Karoline. In: TRAUGOTT KRISCHKE (Hg.), Materialien zu Ödön von Horváth. Frankfurt a. M. 1970 (= edition suhrkamp. 436)

KESTING, MARIANNE: Ödön von Horváth. Die Leibgarde der Bourgeoisie. In: KESTING, Panorama des zeitgenössischen Theaters. München 1969

KLOTZ, VOLKER: Reagenzdramatik. Ödön von Horváths Volksstücke und sein

Stückvolk. In: Frankfurter Rundschau vom 27. November 1971

KOSHIBE, NOBORN: Ödön von Horváth und die Demaskierung des Bewußtseins. In: Doitsu Bungaku 1972, Nr. 49 [In japanischer Sprache mit einer deutschen Zusammenfassung]

KRAMMER, JENÖ: Ödön von Horváths Romane. In: Acta Litteraria 10 (1968) – Auch in: Österreich in Geschichte und Literatur 13 (1969)
Ödön von Horváth. Leben und Werk aus ungarischer Sicht. Wien 1969
Ödön von Horváth. Monographie. Budapest 1972

KRAUSS, CORNELIA: «Die Dinge sehen, wie sie sind». Ödön von Horváth. Ein Forschungsüberblick mit bibliographischem Anhang. In: Maske und Kothurn 18 (1972)

KRISCHKE, TRAUGOTT: Ödön von Horváth. In: HORVÁTH, Figaro läßt sich scheiden. Wien 1959
Einführung. In: HORVÁTH, Stücke. Reinbek 1961 (= RP. 3)
Der Dramatiker Ödön von Horváth. Versuch eine Darstellung. In: Akzente 9 (1962)
Die Moral – ein wunderliches Restchen. In: Twen 4 (1971)
Nachwort. In: HORVÁTH, Von Spießern, Kleinbürgern und Angestellten. Frankfurt a. M. 1971 (= Bibliothek Suhrkamp. 285)
Marginalien zu Ödön von Horváth und seinen Sportmärchen. In: HORVÁTH, Sportmärchen. Frankfurt a. M. 1972 (= Insel-Bücherei. 963)
Das Fräulein aus dem Wiener Wald. Notizen zur Genealogie von Horváths «Geschichten aus dem Wiener Wald». In: KRISCHKE (Hg.), Materialien zu Ödön von Horváths «Geschichten aus dem Wiener Wald». Frankfurt a. M. 1972 (= edition suhrkamp. 533)
Nachwort. In: HORVÁTH, Kasimir und Karoline. Frankfurt a. M. 1972 (= Bibliothek Suhrkamp. 316)

KRISCHKE, TRAUGOTT (Hg.): Materialien zu Ödön von Horváth. Frankfurt a. M. 1970 (= edition suhrkamp. 436)
Materialien zu Ödön von Horváths «Geschichten aus dem Wiener Wald». Frankfurt a. M. 1972 (= edition suhrkamp. 533)
Materialien zu Ödön von Horváth's Kasimir und Karoline. Frankfurt a. M. 1973 (= edition suhrkamp. 611)
Materialien zu Ödön von Horváth's Glaube, Liebe, Hoffnung. Frankfurt a. M. 1973 (= edition suhrkamp. 671)

KRISCHKE, TRAUGOTT, und HANS F. PROKOP (Hg.): Ödön von Horváth. Leben und Werk in Dokumenten und Bildern. Frankfurt a. M. 1972 (= suhrkamp taschenbuch. 67)

KROETZ, FRANZ XAVER: Horváth von heute für heute. In: Theater heute 12 (1971) – Auch in: DIETER HILDEBRANDT und TRAUGOTT KRISCHKE (Hg.), Über Ödön von Horváth. Frankfurt a. M. 1972 (= edition suhrkamp. 584)

KURZENBERGER, HAJO: Die Volksstücke Horváths. [Phil. Diss.] Heidelberg 1972
Horváths Volksstücke. Beschreibung eines poetischen Verfahrens. München 1974 (= Kritische Informationen. 17)

LEONI, MARIA EUGENIA: Ödön von Horváth – «Spießertum» e «Demaskierung des Bewußtseins». [Diss.] Bologna 1966

LORAM, IAN C.: Ödön von Horváth. An appraisal. In: Monatshefte für deutschen Unterricht, deutsche Sprache und Literatur 59 (1967)

MAIER, ELIS.: «Abgründe dort sehen zu lernen, wo Gemeinplätze sind». Zur

Sprachkritik von Ödön von Horváth und Peter Handke. In: Sprachkunst und Wirklichkeitszerfall. Düsseldorf 1972

MÜLLER, LIESELOTTE: Zum Ödön-von-Horváth-Nachlaß. In: Jahrbuch für Internationale Germanistik 3/1971, H. 2 – Auch in: DIETER HILDEBRANDT und TRAUGOTT KRISCHKE (Hg.), Über Ödön von Horváth. Frankfurt a. M. 1972 (= edition suhrkamp. 584)

NEIKIRK, JOAN CANTWELL: The role of the woman in the works of Ödön von Horváth. [Diss. Univ. of] Wisconsin 1971

PAULI, HERTA: Der Riß der Zeit geht durch mein Herz. Ein Erlebnisbuch. Wien–Hamburg 1970

POLGAR, ALFRED: Geschichten aus dem Wiener Wald. In: TRAUGOTT KRISCHKE (Hg.), Materialien zu Ödön von Horváth. Frankfurt a. M. 1970 (= edition suhrkamp. 436)

POPPE, ANDRIES: Ödön von Horváth. Eine Monographie. Brugge 1965

PROKOP, HANS F. (Hg.): Ödön von Horváth. 1901–1938. Katalog. Eine Ausstellung der Dokumentationsstelle für neuere österreichische Literatur, Wien, in Verbindung mit der Akademie der Künste, Berlin. Wien 1971 [Enthält u. a. zehn erstmals veröffentliche Briefe Horváths an Csokor.]

REICH-RANICKI, MARCEL: Horváth, Gott und die Frauen. Die Etablierung eines neuen Klassikers der Moderne. In: Die Zeit vom 14. April 1972 – Auch in: DIETER HILDEBRANDT und TRAUGOTT KRISCHKE (Hg.), Über Ödön von Horváth. Frankfurt a. M. 1972 (= edition suhrkamp. 584)

REUTHER, GABRIELE: Ödön von Horváth. Gestalt, Werk und Verwirklichung auf der Bühne. [Phil. Diss.] Wien 1962 [Masch.]

ROTERMUND, ERWIN: Zur Erneuerung des Volksstückes in der Weimarer Republik. Zuckmayer und Horváth. In: Volkskultur und Geschichte. Festgabe für J. Dünninger. Berlin 1970 – Auch in: DIETER HILDEBRANDT und TRAUGOTT KRISCHKE (Hg.), Über Ödön von Horváth. Frankfurt a. M. 1972 (= edition suhrkamp. 584)

RÜHLE, GÜNTHER: Zeit und Theater. Bd. 2: Von der Republik zur Diktatur. Berlin 1972 [Über Horváths «Italienische Nacht»]

SAUREL, RENÉ: Renaissance de Horváth. In: Temps Modernes 22 (1966/67) Vorwort. In: HORVÁTH, La nuit italienne. Paris 1967

SCHLIEN, HELLMUT: Ödön von Horváth. Leben und Werk. In: HORVÁTH, Der jüngste Tag. Emsdetten 1955 (= Dramen der Zeit. 15)

SCHMID, CHRISTOF: Neue «Geschichten aus dem Wiener Wald» – oder: Was ist ein «neuer Horváth»? In: TRAUGOTT KRISCHKE (Hg.), Materialien zu Ödön von Horváths «Geschichten aus dem Wiener Wald». Frankfurt a. M. 1972 (= edition suhrkamp. 533)

SCHMIDT, EDELTRAUT E.: Die Frauenproblematik im Werk Ödön von Horváths. Oslo 1973 [Typoskript einer Staatsexamensarbeit]

SCHNEIDER, HANSJÖRG: Nachwort. In: HORVÁTH, Dramen. Berlin 1969 – Auch in: DIETER HILDEBRANDT und TRAUGOTT KRISCHKE (Hg.), Über Ödön von Horváth. Frankfurt a. M. 1972 (= edition suhrkamp. 584)
Nachwort. In: HORVÁTH, Der ewige Spießer. Berlin 1971
Der Kampf zwischen Individuum und Gesellschaft. In: DIETER HILDEBRANDT und TRAUGOTT KRISCHKE (Hg.), Über Ödön von Horváth. Frankfurt a. M. 1972 (= edition suhrkamp. 584)

SEITZ, RENATE: Studien zu den Dramen Ödön von Horváths. Die Technik der ironischen Entlarvung. [Phil. Examensarbeit] Bonn 1967

STRAUSS, BOTHO: Die vertierte Vernunft und ihre Zeit. In: Theater heute 8 (1967)

STRELKA, JOSEPH: Ödön von Horváth. Die Wirklichkeit als Tor zum Irrealen. In: STRELKA, Brecht, Horváth, Dürrenmatt. Wege und Abwege des modernen Dramas. Wien–Hannover–Bern 1962

WAPNEWSKI, PETER: Ödön von Horváth und seine «Geschichten aus dem Wiener Wald». In: TRAUGOTT KRISCHKE (Hg.), Materialien zu Ödön von Horváths «Geschichten aus dem Wiener Wald«. Frankfurt a. M. 1972 (= edition suhrkamp. 533)

WEIGEL, HANS: Aufforderung, Ödön von Horváth zu spielen. In: Theater und Zeit 7 (1957)

Horváth, Wien und die Wiener. In: DIETER HILDEBRANDT und TRAUGOTT KRISCHKE (Hg.), Über Ödön von Horváth. Frankfurt a. M. (= edition suhrkamp. 584)

WEISSTEIN, ULRICH: Ödön von Horváth, a child of our time. In: Monatshefte für deutschen Unterricht, deutsche Sprache und Literatur 52 (1960)

ZIPES, JACK D.: Horváths Dramaturgie der Isolierung. Notizen zu seiner Wiederentdeckung. In: Literatur und Kritik (1971)

ZUCKMAYER, CARL: Zur Verleihung des Kleistpreises. In: TRAUGOTT KRISCHKE (Hg.), Materialien zu Ödön von Horváth. Frankfurt a. M. 1970 (= edition suhrkamp. 436)

NAMENREGISTER

Die kursiv gesetzten Zahlen bezeichnen die Abbildungen

ÜBER DEN AUTOR

DIETER HILDEBRANDT, geboren am 1. Juli 1932 in Berlin (nicht identisch oder verwandt, aber befreundet mit dem gleichnamigen Kabarettisten). Studien in Bonn, München, Berlin und in den USA; Promotion mit einer theaterwissenschaftlichen Arbeit bei Artur Kutscher. Von 1961 bis 1968 Kulturkorrespondent und Theaterkritiker für die «Frankfurter Allgemeine Zeitung» in Berlin. Von 1969 bis Anfang 1971 Lektor beim Suhrkamp Verlag (in dieser Zeit Herausgabe der Gesammelten Werke Horváths). Hildebrandt lebt heute, als freier Schriftsteller und beratender Dramaturg am Schiller-Theater, in Berlin

Buchveröffentlichungen (Auswahl): «Die Mauer ist keine Grenze» (DDR-Reportagen; Düsseldorf 1964); «Deutsches Mosaik» (herausgegeben mit Siegfried Unseld; Frankfurt a. M. 1972); «Deutschland deine Berliner» (Hamburg 1973).

QUELLENNACHWEIS DER ABBILDUNGEN

Ullstein-Bilderdienst: 6, 13, 17, 21, 23, 26, 29, 33, 39, 41, 50, 58, 59, 61, 64, 67, 69, 70, 71 oben u. unten, 75, 76, 89, 90, 97, 99, 110, 114, 116 / Bildarchiv Preußischer Kulturbesitz: 8, 24, 79 / Ödön von Horváth-Archiv in der Akademie der Künste, Berlin: 10, 25, 118 / Elisabeth von Horváth/Ödön von Horváth-Archiv: 14, 15, 16, 17, 18 oben u. unten, 19, 20, 43, 46, 47, 54, 55, 60, 72, 81, 92/93, 94, 98, 101, 103, 104 / Rowohlt-Archiv: 56, 120 / Foto Peter Egli: 112 / Wir danken dem Suhrkamp Verlag, der uns eine Reihe von Bildvorlagen aus dem «suhrkamp taschenbuch 67, Ödön von Horváth, Leben und Werk in Dokumenten und Bildern» zur Reproduktion überließ.

rowohlts bild-monographien

Jeder Band mit etwa 70 Abbildungen, Zeittafel, Bibliographie und Namenregister.

rowohlts bild-monographien

Jeder Band mit etwa 70 Abbildungen, Zeittafel, Bibliographie und Namenregister.

Betrifft: Philosophie

rowohlts bild-monographien

Jeder Band mit etwa 70 Abbildungen, Zeittafel, Bibliographie und Namenregister.

rowohlts bild-monographien

Jeder Band mit etwa 70 Abbildungen, Zeittafel, Bibliographie und Namenregister.

rowohlts bild-monographien

Jeder Band mit etwa 70 Abbildungen, Zeittafel, Bibliographie und Namenregister.

rowohlts bild-monographien

Jeder Band mit etwa 70 Abbildungen, Zeittafel, Bibliographie und Namenregister.

Literatur

Hans Christian Andersen
Erling Nielsen (5)

Achim von Arnim
Helene M. Kastinger Riley (277)

Honoré de Balzac
Gaëtan Picon (30)

Charles Baudelaire
Pascal Pia (7)

Simone de Beauvoir
Christiane Zehl Romero (260)

Samuel Beckett
Klaus Birkenhauer (176)

Gottfried Benn
Walter Lennig (71)

Heinrich Böll
Klaus Schröter (310)

Wolfgang Borchert
Peter Rühmkorf (58)

Bertolt Brecht
Marianne Kesting (37)

Georg Büchner
Ernst Johann (18)

Wilhelm Busch
Joseph Kraus (163)

Lord Byron
Hartmut Müller (297)

Albert Camus
Moran Lebesque (50)

Giacomo Casanova de Seingalt
Rives J. Childs (48)

Anton Čechov
Elsbeth Wolffheim (307)

Cervantes
Anton Dieterich (324)

Matthias Claudius
Peter Berglar (192)

Dante Alighieri
Kurt Leonhard (167)

Charles Dickens
Johann Norbert Schmidt (262)

Alfred Döblin
Klaus Schröter (266)

F. M. Dostojevskij
Janko Lavrin (88)

Annette von Droste-Hülshoff
Peter Berglar (130)

Joseph von Eichendorff
Paul Stöcklein (84)

Hans Fallada
Jürgen Manthey (78)

William Faulkner
Peter Nicolaisen (300)

Gustave Flaubert
Jean de La Varende (20)

Theodor Fontane
Helmuth Nürnberger (145)

Max Frisch
Volker Hage (321)

Stefan George
Franz Schonauer (44)

André Gide
Claude Martin (89)

Johann Wolfgang von Goethe
Peter Boerner (100)

Maxim Gorki
Nina Gourfinkel (9)

Brüder Grimm
Hermann Gerstner (201)

H. J. Chr. von Grimmelshausen
Kurt Hohoff (267)

Knut Hamsun
Martin Beheim-Schwarzbach (3)

Gerhart Hauptmann
Kurt Lothar Tank (27)

Friedrich Hebbel
Hayo Matthiesen (160)

Johann Peter Hebel
Uli Däster (195)

Heinrich Heine
Ludwig Marcuse (41)

Ernest Hemingway
Georges-Albert Astre (73)

Hermann Hesse
Bernhard Zeller (85)

Friedrich Hölderlin
Ulrich Häussermann (53)

E. Th. A. Hoffmann
Gabrielle Wittkop-Menardeau (113)

Hugo von Hofmannsthal
Werner Volke (127)

Homer
Herbert Bannert (272)

Ödön von Horváth
Dieter Hildebrandt (231)

Henrik Ibsen
Gerd Enno Rieger (295)

Eugène Ionesco
François Bondy (223)

James Joyce
Jean Paris (40)

Erich Kästner
Luiselotte Enderle (120)

Franz Kafka
Klaus Wagenbach (91)

Gottfried Keller
Bernd Breitenbruch (136)

Heinrich von Kleist
Curt Hohoff (1)

Karl Kraus
Paul Schick (111)

rowohlts bild-monographien

Jeder Band mit etwa 70 Abbildungen, Zeittafel, Bibliographie und Namenregister.

Geschichte griffbereit

Grundkurs und Nachschlagewerk für Studenten,
Praktiker, Geschichtsinteressierte zum Verstehen und
Behalten welthistorischer Prozesse.
Von Imanuel Geiss.

rowohlts enzyklopädie

ro ro
ro ro

C 2097/3l

Theater im 20.Jahrhundert

Manfred Brauneck

Programmschriften, Stilperioden, Reformmodelle

rororo handbuch 6290

Dokumentiert, analysiert und kommentiert werden die wichtigsten theaterästhetischen Programmschriften, Stilperioden und Reformmodelle von der Jahrhundertwende bis zu den 80er Jahren – von Max Reinhardt bis Jerzy Grotowski, von den Theaterexperimenten des Bauhauses bis zur amerikanischen Theatersubkultur. Der einleitenden Skizze einer Theorie des Theaters folgen die fünf Kapitel:

- ○ «Theater der Zukunft»: Stilbühne und Theaterreform um 1900
- ○ Revolte – Erneuerung – Experiment
- ○ Politisches Theater – Episches Theater – Dokumentartheater
- ○ Das Schauspieler-Theater
- ○ Theater der Erfahrung – Freies Theater

Der Band schließt mit einer

- ○ Chronik des Theaters im 20. Jahrhundert: Daten und Ereignisse.

Damit liegt für jeden Theaterinteressenten ein unentbehrliches Handbuch vor, das über die Entwicklung der Theatermoderne umfassend informiert.

Deutsche Literatur
Eine Sozialgeschichte

**Von den Anfängen bis zur Gegenwart in 10 Bänden
Herausgegeben von Horst Albert Glaser**

ro ro ro handbuch